AF226787

ADRESSE

A TOUS LES ÉLECTEURS

DES DÉPARTEMENS.

AVIS DE L'AUTEUR.

——✳——

Il me parait douloureux pour tous les amis sincères de la légitimité constitutionnelle, de voir que la métropole n'ait pas encore pu produire un seul journal politique strictement dévoué au soutien des sublimes institutions de S. M. Pour y suppléer, il se proposerait de consacrer ses vieux jours, soit en qualité de rédacteur principal et responsable, d'une feuille qui serait rédigée dans les principes qui ont dicté ses *Réflexions politiques*, ou à devenir éditeur propriétaire d'une nouvelle qui paraîtrait au 1er janvier 1822.

Ceux qui voudraient encourager l'un ou l'autre projet, sont priés d'adresser leurs lettres franches de port à l'Imprimeur dudit Ouvrage, qui me les fera parvenir.

AUXERRE, IMPRIMERIE DE LE COQ.

ADRESSE

A TOUS LES ÉLECTEURS

DES DÉPARTEMENS,

ou

RÉFLEXIONS RAPIDES

SUR

L'ÉTAT ACTUEL DE LA FRANCE;

HUMBLEMENT

DÉDIÉE AUX DEUX CHAMBRES,

Par UN ROYALISTE CONSTITUTIONNEL.

> Il ne faut pas vouloir plier les mœurs au gouvernement, mais former le gouvernement pour les mœurs.
>
> Le vicomte DE CHATEAUBRIAND.

PRIX : 1 fr. 50 c.

A PARIS,

CHEZ LES MARCHANDS DE NOUVEAUTÉS.

1821.

INTRODUCTION.

Depuis l'heureuse restauration, un gouvernement représentatif a été donné à la France; nos augustes princes, les autorités civiles et militaires, représentant toutes les classes de la société et l'armée, nous avons tous solennellement prêté serment de fidélité à la légitimité constitutionnelle : quelle autorité, quelle puissance sur la terre peut nous autoriser, nous contraindre à violer la sainteté des engagemens contractés à la face de l'univers?

Une espèce de prestige paraîtrait cependant s'être emparée des esprits d'une certaine classe de la société qui a répandu l'alarme dans toutes les autres.

L'homme de probité n'ose plus professer ouvertement, ni son attachement aux institutions bienfaisantes de S. M., ni sa répugnance à devenir parjure, sans

se voir signalé comme un révolution-
naire : tel est l'étrange état des choses,
inouï jusqu'à présent dans les fastes de
l'histoire, qui m'a déterminé à donner
de la publicité à ma justification qui est
en même temps celle des vingt-neuf
trentièmes de la nation.

Plus accoutumé à manier l'épée que
la plume, on ne s'attendra pas qu'un
vieillard, qui a blanchi dans les camps,
prétende rivaliser avec des écrivains cé-
lèbres qui ont passé leur vie dans leurs
cabinets de rédaction. C'est le pouvoir
seul de la vérité, c'est la force de la conviction que j'invoque et qui m'inspire.
La stabilité est désormais le premier besoin du trône et de la patrie ; aussi, c'est
la cause, c'est dans les plus chers intérêts de la légitimité que j'offre mes réflexions dans ce petit opuscule ; mes ju-
dicieux lecteurs l'apprécieront.

TABLE

DES CHAPITRES.

FIN DE LA TABLE,

ADRESSE

A MM. LES ÉLECTEURS,

SUR

L'ÉTAT ACTUEL DE LA FRANCE.

CHAPITRE PREMIER.

M. de Châteaubriand à Londres, en 1797.

COMME écrivain, comme littérateur, M. de Châteaubriand s'est acquis une grande célébrité : sous ce point de vue, je n'hésite pas à joindre mon admiration à celle de ses partisans. Ce sont ses principes politiques seuls que je me suis fait un devoir d'examiner ici; c'est l'étonnante flexibilité avec laquelle il a su plier son génie créatif à toutes les variations qui ont agité notre malheureuse patrie depuis un quart de siècle; c'est la vivacité de son imagination féconde, ce talent transcendant qu'il possède pour fasciner les yeux de ses lecteurs, et pallier, justifier même ses

oscillations les plus inexcusables, qui m'ont déter-
terminé à signaler ses écarts.

C'est sa dernière métamorphose qui m'a en-
gagé à prendre la plume. Il sert de guide à ses
nouveaux associés ; il est regardé comme un oracle par ses admirateurs ; et c'est par des citations
fidèles de ses propres ouvrages, que je veux les
rendre eux-mêmes juges de la confiance qu'ils
doivent lui accorder.

Ce fut sous la République que M. de Châteaubriand, qui avait vu périr sur l'échafaud, ou dans
les cachots, par suite de mauvais traitemens, ceux
qui lui étaient les plus chers au monde, déploya
les pouvoirs oratoires qu'il possède à un éminent
degré, en faveur de la liberté la plus illimitée, de
l'égalité la plus parfaite.

C'était alors qu'il s'écriait, en apostrophant les
sauvages : « Homme de la nature, c'est toi seul
» qui me fais glorifier d'être homme ! ton cœur
» ne connaît point la dépendance ; tu ne sais ce
» que c'est que de ramper dans une cour, ou de
» caresser un tigre populaire. Que t'importent
» nos arts, notre luxe, nos villes ? as-tu besoin de
» spectacle ? tu te rends au temple de la nature,
» à la religieuse forêt, les colonnes moussues des
» chênes en supportent le dôme antique ; un jour
» sombre pénètre la sainte obscurité du sanc-

» tuaire, et de faibles bruits, de légers soupirs,
» de doux murmures, des chants plaintifs ou mé-
» lodieux circulent sous les voûtes sonores (1).
» On dit que le sauvage ignore la douceur de la
» vie; est-ce l'ignorer que de n'obéir à personne;
» que d'être à l'abri des révolutions; que de n'a-
» voir ni à avilir ses mains par un travail merce-
» naire, ni son âme par un métier encore plus
» vil, celui de flatteur? n'est-ce rien que de pou-
» voir se montrer impunément toujours grand,
» toujours fier, toujours libre; de ne point con-
» naître les odieuses distinctions de l'état civil;
» enfin, de n'être point obligé, lorsqu'on se sent
» né avec l'orgueil et la noble franchise d'un
» homme, de passer une partie de sa vie à cacher
» ses sentimens, et l'autre, à être témoin des vices
» et des absurdités sociales?

» Je sens qu'on va dire : vous êtes donc de ces
» sophistes qui voient sans cesse le bonheur du
» sauvage aux dépens de celui de l'homme policé?
» sans doute, si c'est là ce qu'on appelle être un

---

(1) J'ai cependant éprouvé dans ce même pays que
pendant six mois de l'année il y faisait un froid ex-
cessif, durant lequel la plus étroite maison aurait été
bien préférable aux superbes voûtes sonores de la forêt, supportées par leurs colonnes moussues, etc.

» sophiste, j'en suis un: j'ai du moins de mon
» côté quelques beaux génies. Quoi! il faudra que
» je tolère.la perversité de la société, parce qu'on
» prétend ici se gouverner en république plutôt
» qu'en monarchie; là, en monarchie plutôt qu'en
» république! il faudra que j'approuve l'orgueil
» et la stupidité des grands et des riches, la bas-
» sesse et l'envie du pauvre et des petits!

» Les corps politiques, quels qu'ils soient, ne
» sont que des amas de passions putréfiées et dé-
» composées ensemble..... mais il n'y a point de
» gouvernement, point de liberté; de liberté?
» si, une délicieuse! une céleste! celle de la na-
» ture; et quelle est cette liberté que vous vantez
» comme le bonheur suprême? il me serait im-
» possible de la peindre; tout ce que je puis faire,
» est de montrer comme elle agit sur nous; qu'on
» vienne passer une nuit avec moi chez les sau-
» vages du Canada, peut-être, alors, parviendrai-
» je à donner quelqu'idée de cette liberté....»

Dans sa description des délices d'une nuit pas-
sée chez les sauvages de l'Amérique, on y remar-
que le même enthousiasme en faveur d'une vie
errante et vagabonde.

« Ici, s'écrie-t-il, plus de chemins à suivre,
» plus de villes, plus d'étroites maisons, *plus de*
» *présidens, de républiques, de rois, surtout,*

» *plus de lois*, et plus d'hommes ; des hommes !
» si : quelques bons sauvages.... »

« Délivré du joug tyrannique de la société, je
» compris alors les charmes de cette indépen-
» dance de la nature, qui surpassent de bien loin
» tous les plaisirs dont l'homme civil peut avoir
» l'idée. Je compris pourquoi pas un sauvage ne
» s'est fait Européen, et pourquoi plusieurs Eu-
» ropéens se sont faits sauvages ; pourquoi le su-
» blime discours sur *l'inégalité des conditions*
» est si peu entendu de la plupart de nos philo-
» sophes. Il est incroyable combien les nations et
» leurs institutions les plus vantées, paraissaient
» petites et diminuées à mes regards ; il me sem-
» blait que je voyais les royaumes de la terre avec
». une lunette invertie ; ou plutôt, moi-même,
» agrandi et exalté, je contemplais d'un œil de
» géant le reste de ma race dégénérée.... »

Si la fiction pouvait ici se transformer en réalité,
jusqu'à quelle insignifiante petitesse M. le vicomte
ne se trouverait-il pas réduit à ses propres yeux,
en se précipitant, comme il l'a fait depuis quelques
années, parmi ceux qu'il appelle lui même les plus
dégénérés de sa race, pour faire cause commune
avec eux !

Des doctrines antisociales de la même force ne
sont pas rares dans les publications du même au-

teur antérieures à l'avénement de Napoléon ; les morceaux éloquens que je viens de citer suffisent pour en donner une idée. Etaient-ils calculés pour égarer ou pour captiver la confiance des radicaux qui dominaient alors ?

CHAPITRE II.

M. de Châteaubriand sous Napoléon.

M. de Châteaubriand, sous Bonaparte, chercha à fixer son attention ; il lui dédia sa seconde édition du *Génie du Christianisme.*

« On ne peut s'empêcher (disait-il dans sa dé-
» dicace) de reconnaître dans vos destinées cette
» Providence qui vous avait marqué de loin pour
» l'accomplissement de ses desseins prodigieux.
» La France, agrandie par vos victoires, place
» en vous ses espérances..... Continuez à tendre
» une main secourable à trente millions de chré-
» tiens qui prient pour vous au pied des autels
» que vous leur avez rendus. »

Le noble vicomte, d'après la croyance géné-rale, était tellement épris de la haute réputation guerrière de son héros, qu'il lui offrit ses services en qualité d'historiographe, pour transmettre à la postérité ses glorieuses campagnes d'Italie : on ajoutait même qu'il avait reçu 30,000 fr. à compte sur ses honoraires.

En 1802, l'empereur, qui venait de signer son concordat avec le pape, nomma son oncle, le cardinal *Fesch*, son ambassadeur à Rome, et l'auteur du *Génie du Christianisme*, secrétaire d'ambassade. Il y resta peu de temps.

Environ un an après, il nomma ce dernier son ministre dans le Valais : il donna sa démission de cette place le 22 mars 1804 : croyait-il ces emplois au-dessous de lui ?

Dans sa préface d'*Atala*, il qualifiait *Napoléon*, d'homme « envoyé par la Providence en signe de » réconciliation, quand elle est lasse de punir. »

Il venait de donner au public son poëme des *Martyrs*, en 1809, lorsque son cousin *Armand de Châteaubriand* fut arrêté sur les côtes de *Normandie*, condamné à mort, et exécuté dans la plaine de *Grenelle*. Il était accusé de s'être chargé d'une mission politique contre le gouvernement existant.

Son nouveau *Mécénas* le nomma commissaire pour la liquidation des affaires d'Espagne, conformément au traité de *Bâle*; ce qui lui procura une petite douceur de 10,000 liv. de rente, pendant 8 à 9 ans, c'est-à-dire, jusqu'à 1808 que commença la guerre d'Espagne. Mais l'historio- .graphe et le commissaire n'ont jamais rempli d'autre tâche que de signer leurs quittances des sommes par eux perçues.

En 1811, le noble vicomte fit sentir combien il serait à propos de créer une place de surinten- dant général des Bibliothèques de l'empire, et s'offrit incontinent à l'empereur pour la remplir ; mais celui-ci qui savait apprécier les hommes, ne vit que le danger d'élever le noble vicomte à un poste qui lui aurait donné une influence exces- sive sur la morale et la littérature ; il la lui refusa, ou plutôt la place ne fut point créée.

CHAPITRE III.

M. le vicomte à la restauration, en 1814.

A la rentrée des Bourbons, l'imagination vive du noble vicomte prit une tournure toute nou- velle ; ses premières productions, dictées par la sagesse, font regretter bien sincèrement qu'il s'en soit si étrangement écarté. Le premier ouvrage qu'il publia fut : *De Bonaparte et des Bourbons, et de la nécessité de se rallier à nos princes lé-*

gitimes *pour le bonheur de la France et de l'Europe;* il parut en 1814, ainsi que ses *Réflexions politiques sur quelques brochures du jour, et sur les intérêts de tous les Français.* Le premier eut un débit prodigieux et mérité; le second se fait remarquer par une logique pure et serrée, dégagée de ces aberrations et de ces fictions brillantes qui caractérisent presque toutes ses autres productions.

C'est dans ces deux ouvrages que je choisirais par préférence les plus forts argumens à l'appui de mes opinions.

« Il est certain (dit le noble auteur, dans ses
» *Réflexions politiques*) que nous sommes au-
» jourd'hui moins frivoles, plus naturels, plus
» simples; que chacun est plus soi, moins res-
» semblant à son voisin. Nos jeunes gens, nourris
» dans les camps et dans la solitude, ont quelque
» chose de mâle ou d'original qu'ils n'avaient pas
» autrefois. La religion, dans ceux qui la prati-
» quent, n'est plus une affaire d'habitude, mais le
» résultat d'une conviction forte : la morale,
» quand elle a survécu dans les cœurs, n'est plus
» le fruit d'une instruction domestique, mais l'en-
» seignement d'une raison éclairée. Les plus
» grands intérêts ont occupé les esprits; le monde
» entier a passé devant nous.

» Autre chose est de défendre sa vie, de voir
» tomber et s'élever des trônes, ou d'avoir pour
» unique entretien, une intrigue de cour, une
» promenade au bois de Boulogne, une nouvelle
» littéraire. Nous ne voulons peut-être pas nous
» l'avouer; mais au fond ne sentons-nous pas que
» les Français sont plus hommes qu'ils ne l'étaient
» il y a 30 ou 40 ans? à quel bon marché on ac-
» quérait alors une réputation dans les lettres,
» dans la politique, dans le militaire! quels sin-
» guliers titres de renommée, et combien ceux
» qui les possédaient nous paraîtraient aujour-
» d'hui médiocres, pour ne rien dire de plus!
» sous d'autres rapports, pourquoi se dissimuler
» que les sciences exactes, que l'agriculture et les
» manufactures ont fait d'immenses progrès? ne
» méconnaissons pas les changemens qui peuvent
» être à notre avantage; nous les avons payés
» assez cher.

» Cessons donc de nous calomnier, de dire
» que nous n'entendons rien à la liberté : nous
» entendons tout, nous sommes propres à tout;
» nous comprenons tout. En lui témoignant de
» la considération et de la confiance, cette na-
» tion s'élèvera à tous les genres de mérite. N'a-
» t-elle pas montré ce qu'elle peut être dans les

» momens d'épreuves ? Soyons fiers d'être Fran-
» çais...... (1) »

Dans ces citations l'on reconnaît aisément l'homme d'état qui nous a solennellement décla-ré : « Ceux qui regrettent l'ancien gouvernement
» doivent s'attacher au nouveau, parce qu'il est
» très-bon en soi, parce qu'il est le résultat obligé
» des mœurs du siècle, parce qu'enfin la fatale
» nécessité a détruit l'autre, et qu'on ne se sous-
» trait point à la nécessité. »

» Tout change, tout se détruit, tout passe, dit ailleurs M. de Châteaubriand; on doit pour bien
» servir sa patrie, se soumettre aux révolutions
» que les siècles amènent; et, pour être l'homme
» de son pays, il faut être l'homme de son temps.
» Eh ! qu'est-ce qu'un homme de son temps ? c'est
» un homme qui, mettant à l'écart ses propres
» opinions, préfère à tout le bonheur de sa pa-
» trie ; un homme qui n'adopte aucun systême,
» n'écoute aucun préjugé, ne cherche point l'im-
» possible, et tâche de tirer le meilleur parti des

____

(1) Comment se fait-il que, si peu de temps après, le noble vicomte n'ait plus aperçu dans cette même jeunesse que des radicaux, des révolutionnaires, etc. C'est ce que lui seul peut nous expliquer.

» élémens qu'il trouve sous sa main (1) ; un hom-
» me qui, sans s'irriter contre l'espèce humaine,
» pense qu'il faut donner beaucoup aux circons-
» tances, et que, dans la société, il y a encore
» plus de faiblesses que de crimes : enfin, c'est
» un homme éminemment raisonnable, éclairé
» par l'esprit, modéré par le caractère, qui croit,
» comme *Solon*, que dans les temps de corrup-
» tion et de lumière, il ne faut pas vouloir plier
» les mœurs au gouvernement, mais former le
» gouvernement pour les mœurs. »

CHAPITRE IV.

Le parti s'érige en hommes monarchiques immobiles.

Où était, que faisait cette immobilité monarchique, alors que le directoire pénétré de sa propre incapacité, était réduit aux abois, sentait
ainsi que toute la nation le besoin d'un chef capable de faire succéder le calme et la stabilité à

---

(1) Ne dirait-on pas que M. de Châteaubriand fait
ici le panégyrique de Louis XVIII et l'éloge complet
de ses sages institutions ?

l'anarchie, aux fluctuations qui lui déchiraient encore le sein ? quel chef plus capable de cicatriser des plaies profondes, que celui qui était légitime ? quelle tâche glorieuse pour elle, si elle eût alors élevé une voix mâle et éloquente en sa faveur ! il n'eut fallu peut-être qu'y joindre officiellement les intentions paternelles et bienfaisantes de Louis XVIII, et leur donner la publicité nécessaire, pour être couronnées du plus heureux succès : car c'est une grande vérité, qu'il n'existait en France ni haine, ni antipathie contre les Bourbons, mais qu'on craignait toujours, comme un grand fléau, les insatiables prétentions des exagérations privilégières qui rentreraient avec eux. L'évènement n'a que trop justifié la légitimité de ces appréhensions.

Je dois observer ici, que l'expression d'immobilité est forte, qu'elle est positive ; elle n'admet pas la plus légère modification ; mais si son existence est incompatible avec les devoirs d'un homme de son temps, cela ne détruit pas la solidité des principes sur lesquels ces devoirs sont fondés.

A la restauration, les doctrines de M. le vicomte étaient pleines de sagesse ; il était alors l'homme d'état du jour, l'homme de son temps par excellence. La légitimité ouvrait une vaste et nouvelle carrière à son génie, il y entra avec

honneur et s'y soutint avec distinction. Aux preuves que j'en ai données, j'en vais ajouter de nouvelles, pour qu'on puisse comparer ses sages principes avec les étranges doctrines, les assertions
contradictoires à l'excès qu'il leur a si subitement
substituées. C'est M. le vicomte qui parle.

« La Charte constitutionnelle est également
» favorable aux intérêts des sujets et de la no-
» blesse. Nous dirons à la noblesse : De quoi
» pouvez-vous vous plaindre ? la Charte vous
» garantit tout ce qu'il y avait d'essentiel dans
» votre ancienne existence. Si elle n'a pu faire
» que vous jouissiez de quelques droits, depuis
» long-temps détruits dans l'opinion avant de
» l'être par les évènemens, elle vous assure
» d'autres avantages. Vous occupiez les places
» dans l'armée : eh bien ! vous pouvez encore les
» remplir ; seulement vous les partagerez avec
» les Français qui ont reçu une éducation hono-
» rable, on ne vous fait en cela aucune injustice :
» il en était ainsi autrefois dans la monarchie.
» Aux yeux de nos rois, le premier titre d'un
» guerrier était la valeur. »

« Pour être fait chevalier, dit *du Tillet*, ils
» ont toujours choisi le cavalier le plus renom-
» mé en prouesse et chevalerie, et non celui qui

» est du plus haut lignage, n'ayant égard qu'à
» la seule vaillance.

» Autrefois, quels étaient l'espoir et l'ambition
» d'un gentilhomme? de devenir capitaine après
» quarante années de service, de se retirer sur
» ses vieux jours avec la croix de St.-Louis et une
» pension de 600 fr. Aujourd'hui, s'il suit la car-
» rière militaire, un avancement rapide le por-
» tera aux premiers rangs. A moins d'une étrange
» faveur ou d'une action extraordinaire, un cadet
» de Gascogne ou de Bretagne serait-il jamais
» devenu, sous l'ancien régime, colonel, géné-
» ral, maréchal de France? Si, réunissant toute
» sa petite fortune, il faisait un effort pour venir
» solliciter quelqu'emploi à Paris, pouvait-il aller
» à la cour? Pour jouir de la vue de ce roi qu'il
» défendait avec son épée, ne lui falloit-il pas être
» présenté, avoir monté dans les carosses? Quel
» rôle jouait-il dans les antichambres des minis-
» tres? qu'était-ce, en un mot, aux yeux d'un
» monde ingrat et frivole, qu'un pauvre gentil-
» homme de province, souvent d'une noblesse
» plus ancienne que celle des courtisans qui
» occupaient sa place au Louvre? il ne recevait
» de ces enfans de la faveur que des refus et des
» mépris. Ce brave représentant de l'honneur et
» de la force de la monarchie, n'était qu'un objet

» de ridicule par sa simplicité, son habit et son
» langage : on oubliait que Henri IV parlait gas-
» con et que son pourpoint était percé au coude. »

Dans ses *Remarques sur les affaires du mo-ment*, brochure postérieure à la précédente, M. le Vicomte dit en homme de son temps : « La » Charte est plus forte que nous : quiconque vou- » dra la détruire, sera détruit par elle. Quelle » autorité aurait une poignée d'obscurs conspi- » rateurs, pour renverser le produit du temps et » l'œuvre de la sagesse du Roi ! retranchez la » Charte, et demain vous n'aurez pas un écu » dans le trésor. »

CHAPITRE V.

Tableau de la Cour à Versailles en 1789, pu-blié à Londres en 1797, par M. de Château-briand.

Le tableau qu'avait présenté l'auteur de ce qu'était la Cour de Versailles en 1789, se trouve dans son *Essai historique, politique et moral sur les révolutions ;* mes lecteurs l'apprécieront. Je dirai seulement que, relativement à Louis XVI, il me parait exagéré, peu fidèle : peut-être eût-il été plus applicable au règne précédent.

« Tandis que le peuple perdait rapidement ses
» mœurs et son ignorance, la Cour, sourde au
» bruit d'une vaste monarchie qui commençait à
» rouler en bas de l'abîme où nous venons de la
» voir disparaître, se plongeait plus que jamais
» dans les vices et le despotisme. Au lieu d'élar-
» gir ses plans, d'élever ses pensées, d'épurer sa
» morale, en progression relative à l'accrois-
» sement des lumières, elle retrécissait ses petits
» préjugés, ne savait se soumettre à la force des
» choses, ni s'opposer avec vigueur. Cette misé-
» rable politique qui fait qu'un gouvernement se
» resserre quand l'esprit public s'étend, est re-
» marquable dans toutes les révolutions. C'est
» vouloir inscrire un grand cercle dans une petite
» circonférence, le résultat en est certain »
(N'est-ce pas ici une esquisse fidèle de ce que font
maintenant les ultras.) « La tolérance s'accroît, et
» les prêtres font juger à mort un jeune homme
» qui, dans une orgie, avait insulté un crucifix; le
» peuple se montre incliné à la résistance, et
» tantôt on lui cède mal à propos, tantôt on le
» contraint imprudemment : l'esprit de liberté
» commence à paraître, on multiplie les lettres
» de cachet. Je sais que ces lettres ont fait plus de
» bruit que de mal; mais après tout, une pareille
» institution détruit radicalement les principes.

» Ce qui n'est pas pas loi, est hors de l'essence
» du gouvernement, est criminel. Qui voudrait
» se tenir sous un glaive suspendu par un cheveu
» sur sa tête, sous prétexte qu'il ne tombera pas ?
» A voir ainsi le monarque endormi dans la vo-
» lupté, des courtisans corrompus, des ministres
» méchans ou imbécilles, le peuple perdant ses
» mœurs ; les philosophes, les uns sappant la re-
» ligion, les autres l'état ; des nobles ou ignorans,
» ou atteints des vices du jour ; des ecclésiasti-
» ques, à Paris, la honte de leur ordre ; dans
« les provinces, pleins de préjugés ; on eût dit
» une foule de manœuvres s'empressant à l'envi
» à démolir un grand édifice. »

Au retour des *Bourbons*, M. de *Châteaubriand*
se signala d'abord comme un des plus zélés défen-
seur du trône constitutionnel. Ses opinions solennellement émises alors le constatent. La saine
raison, la sagesse seules, déterminèrent ses tran-
sitions du centre gauche au centre droit.

CHAPITRE VI.

M. de Châteaubriand se met à la tête des ultras.

PAR une de ces aberrations inexplicables, il
s'élança tout à coup, et pénétra jusqu'à l'extré-
mité la plus reculée de la droite.

Des bruits injurieux à la sincérité et à la droiture de notre bon Roi s'étaient répandus à l'occasion des faveurs prodiguées à l'écrivain distingué ;
effectivement le noble vicomte fut nommé en
1814 ambassadeur en Suède, où il ne put se rendre à raison du retour de l'empereur en 1815.
Celui-ci l'ayant forcé de quitter la France, il suivit
le Roi à *Gand*, et devint un des ministres de
S. M.

Aussitôt après son retour, le Roi le nomma
ministre d'état sans portefeuille. Le 9 juillet, il le
créa pair, le 19 août suivant président du col-
lège électoral du Loiret, et par ordonnance du
21 mars 1816 membre de l'académie. Ce ne fut
donc qu'au commencement de septembre suivant
qu'il publia son fameux libelle anti-constitutionnel, intitulé : *De la Monarchie selon la Charte.*
La police le fit saisir et poursuivre l'imprimeur.
Le procureur du Roi décida qu'il n'y avait pas lieu
à accusation ; mais trois jours après la publication
parut l'ordonnance suivante de S. M.

« Le vicomte de Châteaubriand ayant, dans un
éérit imprimé, élevé des doutes sur notre volonté
personnelle manifestée par notre ordonnance du
5 septembre, nous avons ordonné et ordonnons
ce qui suit :

» Le vicomte de Châteaubriand cessera, dès ce

jour, d'être compté au nombre de nos ministres d'état. »

Ces bruits injurieux, qu'il est si essentiel de rectifier, n'ont eu lieu que parce qu'on a confondu l'écrivain éminemment constitutionnel de 1814 et 1815 avec le coriphée des oligarques depuis la fin de 1816, époque à laquelle il leva entièrement le masque, dans sa *Monarchie selon la Charte*. Aussi observa-t-on que cette brochure aurait dû être intitulée *la Monarchie selon ceux qui ne veulent ni Monarchie ni Charte, mais l'ultra-aristocratie*. Quoi qu'il en soit, c'est l'écrivain constitutionnel qui avait été si libéralement récompensé, et ce fut l'anti-constitutionnel que le Roi destitua.

M. de Châteaubriand qui se proposait de traiter une variété de sujets du plus haut intérêt, tels que la religion, la morale, la politique, etc., etc., non-seulement voulait suivre un chemin non encore frayé ; mais, dans un siècle éclairé, il sentit la nécessité d'envelopper ses opinions et ses doctrines de fictions, d'images, de licences poétiques, d'un langage figuré, parce que, dans ses ouvrages politiques, surtout, ces brillantes inventions lui ouvraient quantité de portes, de faux-fuyans à travers lesquels il pouvait s'échapper, et reparaître un instant après sur un nouveau terrain avec avantage : jamais vainqueur et jamais vaincu. Le publiciste qui écrit, *ex abundantia cordis*, se fait remarquer par un raisonnement clair, par une logique serrée, par une déduction exacte et rigoureuse des conséquences. Pourquoi n'observe-t-on presque rien de ce genre dans la plupart des ouvrages de M. le vicomte ? c'est parce qu'il cessait de puiser ses réflexions dans son propre cœur, pour les soumettre servilement et alternativement à l'influence étrangère qui flatte son ambition et son intérêt personnel.

Personne n'ignore qu'il n'est point de paradoxes, point d'absurdités si grossières qu'on ne puisse imposer à certains esprits, faibles et crédules, comme des vérités reconnues. Avec eux, ce ne sont pas les choses, les hommes ni les faits, mais bien la manière de les représenter qui fait impression sur leur esprit.

Parmi les sectes, plus ou moins extravagantes, qui se sont élevées dans le sein de la religion catholique, nous remarquons celle des *Caïans ;* ils avaient choisi *Caïn* pour leur oracle ; ils représentaient l'atroce férocité de ce fratricide, comme un modèle de force et de courage ; et son innocente victime *Abel,* comme un lâche efféminé. Ils honoraient *Esaü, Coré, Dathan, Abiron,* et les pervers criminels de *Sodôme* et de *Go—*

morrhe; élevaient le traître *Judas* jusqu'à la divinité, affirmant qu'il n'avait vendu son maître que parce qu'il avait prescu les grands avantages que tirerait de sa mort le genre humain, etc., etc. *Tertullien,* des prescr., *Epiphanes,* des hérésies, 38, *Saint-Augustin,* her., 18. Les fondateurs de ces sectes n'approchaient cependant pas à cent piques du génie et des talens de M. de Châteaubriand.

Ce n'est plus individuellement, mais collectivement, que je me propose de vous retracer la marche des publicistes auxquels M. de Châteaubriand s'est associé depuis 1816.

J'attends de vous, Messieurs, que vous me rendrez la justice de croire au respect et à la vénération que je professe pour notre ancienne noblesse, et que les expressions qui pourraient faire croire que je m'en écarte, sont uniquement adressées à ceux qui, par la publication de leurs dangereuses doctrines, et plus encore par les odieux moyens auxquels ils n'ont pas eu honte d'avoir recours pour les propager, m'ont donné le droit de leur répondre et de les réfuter.

J'aurai plus d'une fois occasion de vous rappeler que, quelque opposées que soient les exagérations dans leurs principes, elles ne diffèrent cependant en rien dans leurs moyens et dans leurs

résultats. Nous avons vu les exagérations popu-
laires réussir à armer et à organiser en corps toutes
les masses des villes et des campagnes, en répan-
dant le bruit de l'approche des brigands sur tous
les points du royaume ; à leur exemple, vous
voyez les exagérations privilégières s'acharner à
établir le même système de terreur ; ils ne rêvent
que conspirations ; ils ne voient que jacobins, que
révolutionnaires ! cette nation généreuse et pleine
d'honneur, dont leur éloquent chef nous avait na-
guères offert lui-même un tableau également flatteur et fidèle, se trouve tout à coup transformée
par le même homme, en une turbulente et factieuse démocratie, ennemie des rois et de la noblesse, qui ne rêve que république ! etc.

Les premières soulèvent les masses en les ca-
ressant ; les secondes s'adressent au pouvoir ;
s'efforcent de soulever les passions : elles savent
qu'elles sont odieuses à ces masses ; à leur tour,
elles veulent les rendre odieuses au pouvoir.
Comme elles n'aspirent qu'à une domination sou-
veraine sur des générations qui les repoussent,
elles ont nécessairement recours aux diffamations,
cherchent à les couvrir d'opprobres, pour démontrer la nécessité de les contenir par l'arbitraire, seul appui qu'elles connaissent.

CHAPITRE VII.

Diffamation des idées libérales.

Après avoir divisé, à leur fantaisie, les principales opinions existantes en autant de classes différentes, de doctrinaires, de ministériels, de libéraux, de révolutionnaires, de radicaux, de bonapartistes, etc., ils ont trouvé plus commode et plus avantageux à leur parti, de n'en faire qu'une masse énorme, et de les réunir toutes sous la dénomination de *révolutionnaires*. Depuis qu'ils se sont érigés en hommes monarchiques immobiles, par un rafinement polémique, ou, peut-être, convaincus de l'absurdité de calomnier ainsi gratuitement les vingt-neuf trentièmes de la nation, ils ont changé leur plan d'attaque et l'ont dirigé entièrement sur les idées libérales. Il était naturel qu'après avoir diffamé les hommes les plus vertueux, en les associant d'un trait de plume à des radicaux, ils empoisonnassent de même la source de toutes les vertus, en faisant circuler dans ses eaux pures et limpides celles des canaux bourbeux et fétides des vices et des crimes. L'arbitraire ne les aime pas, il les craint, non, je pense, parce qu'elles sont peu connues sur les rives de l'Ohio et du Mississipi, mais bien plutôt parce qu'elles s'élèvent avec force, et contre l'insolent orgueil, et contre l'ambition effrénée, la lâche adulation, l'injustice et la déception. Le même rapport frappant se découvre de nouveau entre les deux exagérations. Vous avez tous vu, dans les crises révolutionnaires, les libéraux également persécutés, diffamés, calomniés, comme ils le sont aujourd'hui par les exagérations privilégiè-res ; vous les avez vus jetés dans les fers et traînés sur les échaffauds. Quelle garantie ont-ils que ces derniers n'en feraient pas autant, s'ils parvenaient au pouvoir ? A quelles fourberies polémiques n'ont-ils pas déjà eu recours pour dresser l'acte d'accusation contre les idées libérales ? quel délit politique ou social, quels crimes, isolés ou non, ont été commis, qu'ils n'aient eu l'impudeur de rejeter sur elles ? Quoi ! ces filles célestes, direc-tement émanées de la Divinité, qui n'ont été en-voyées sur la terre que pour le bonheur des hommes ; ces sœurs utérines de la religion enfin, que l'effusion d'une seule goutte de sang innocent fait frémir, qui voudraient même épargner celui des coupables, n'ont-elles pas été associées par eux au forfait atroce de Louvel ? Ces nouveaux sophistes ne les ont-elles pas effrontément char-

gées de toute la culpabilité de cet horrible attentat?
L'acte effroyable d'accusation est donc déjà dressé
contr'elles; et nous savons que les exagérations
ont chacune leurs juges, leurs cachots, leurs es-
pions et leurs bourreaux.

C'est en dénaturant ainsi la signification primi-
tive des mots, qu'ils ont acquis de nouveaux
moyens de déception. L'expression d'*honnêtes
gens* qui, dans l'origine, s'appliquait uniquement
aux gens de probité, désigne exclusivement selon
eux les hommes monarchiques. Aussi, d'après les
différentes interprétations données au mot *sophiste*, je me vois obligé d'en rappeler ici la définition qui en a existé pendant une longue série de
siècles.

Selon Philostrate et Laërce, liv. 9, *de la vie
des Philosophes*, les sophismes sont une corrup-
tion, une dégradation du bel art de la dialectique;
ce sont ces espèces d'argumens fallacieux, par le
moyen desquels on abandonne la substance des
choses, pour s'attacher par des subtilités à la su-
perficie des mots et tromper ainsi les esprits faibles.

Leur invention est attribuée à Protagoras, thra-
cien, qui vivait du temps que Xercès envahit la
Grèce.

Vous avez peut-être cru jusqu'ici, avec tous
vos devanciers, qu'on entendait par *nation* toute

réunion d'hommes, sans exception, vivant sous un même chef, obéissant aux mêmes lois. Erreur, s'écrient les trompettes-*ultra*, ce sont exclusivement les pouvoirs naturels de la société qui constituent une nation; et dans l'énumération de ces pouvoirs, il est curieux de voir que la chambre des députés en est soigneusement écartée. D'après cette définition aussi ridicule qu'elle est nouvelle, il n'y aurait plus que ceux qui sont payés qui composent la nation; et ceux qui se rendent recommandables par leur industrie, par le commerce, tous les grands et petits propriétaires n'entrent pour rien dans sa composition.

Si chaque publiciste peut ainsi s'arroger le droit de changer le sens des dénominations les moins contestées jusqu'à nos jours, je ne vois pas pourquoi je ne hasarderais pas aussi ma définition. La nation, selon moi, est composée de deux classes, la partie pensante et la partie agissante : celle-ci, pénétrée de son incapacité, abandonne à la première, c'est-à-dire à la classe instruite, toute sa confiance, le soin de veiller à son soulagement, à son bonheur, et à la conservation de ses droits acquis, dont le plus précieux est protection et garantie contre l'orgueil et l'oppression des puissans.

Mais pourquoi cette partie industrieuse, laborieuse, qui, dans l'occasion, est si prodigue de

son sang pour servir sa patrie et son roi, serait-
elle repoussée si indignement du sein de la nation ? les plus malheureux de ceux qui entrent
dans sa composition, ne contribuent-ils pas proportionnellement à pourvoir aux besoins, au luxe
même et à la protection des personnes et des propriétés de ceux qui les traitent avec tant d'indécence ? N'est-ce pas bien ici le langage d'une faction qui regarde et traite une grande nation comme
un immeuble qui est son indisputable propriété,
qu'elle a le droit d'exploiter exclusivement à son
profit? car il faut remarquer qu'à l'époque où ils
créaient cette nouvelle nation, c'était cette même
faction qui l'organisait, qui la formait de ses élémens anticonstitutionnels.

Les productions de ces champions de l'oligar-
chie fourmillent de paradoxes de la même force :
des positions également fausses servent de base à
des superstructures éblouissantes aux yeux du
vulgaire; mais que le premier aquilon renverse
de fond en comble, parce qu'elles sont élevées
sur un sable mouvant.

CHAPITRE VIII.

Des hommes monarchiques.

AUCUNE exagération ne peut parvenir au pouvoir que par la déception, ni s'y maintenir que par la violence; et lorsqu'une ambitieuse faction, qui s'avance progressivement à son but, s'érige, de sa propre autorité, en *hommes monarchiques,* je vois ici un acheminement au despotisme, me rappelant, d'abord, que dans mes premières années, une monarchie signifiait *unius et summo jure imperium ;* lorsque je considère en outre les pompeuses déclamations de ces Messieurs en faveur de cette monarchie de 1400 ans, qu'ils veulent entourer d'une vigoureuse aristocratie, fortifier par toutes les puissances morales et religieuses, environner de la majesté des siècles, l'asseoir enfin sur les bases de la grande propriété; je ne puis voir qu'une faction, qui totalement dénuée de forces physiques, cherche à s'entourer de toutes les puissances morales, pour l'aider à atteindre l'objet de son ambition; autrement, pourquoi voudraient-ils que notre digne roi s'escortât de tous ses souvenirs, tandis que S. M., convaincue qu'ils ne pouvaient servir qu'à faire couler des ruisseaux de sang, les congédia sur la frontière : « Eloignez-vous, leur a-t-il dit, je ne » veux désormais conserver auprès de moi que » mes deux fidèles compagnons, *oubli* et *union*. »

L'environner de la majesté des siècles. Ce sont ici des mots vides de sens, des déclamations vagues. Cette majesté des siècles ne fut-elle pas enveloppée, dans les premiers âges de la monarchie, de ténèbres et d'obscurité ? Y comprendront-ils les sept ou huit rois fainéans qui terminèrent la première race ? La seconde, dite des Carlovingiens, ne fut-elle pas semblable à la première, en ce qu'elle eut de brillans commencemens et une fin malheureuse ? L'usurpation là plaça sur le trône ; elle termina par Louis V dit le fainéant. Et si l'on en retranchait encore tous les siècles de féodalité, de superstition, de fanatisme et d'ignorance qui déshonorèrent l'humanité depuis le neuvième jusqu'au quinzième siècle, que cette majesté de 14oo ans se trouverait réduite !

Je croirais donc abonder dans leur sens, en supposant qu'ils font allusion aux vieux courtisans, aux flatteurs, aux ambitieux et aux intrigans dont le trône était alors exclusivement environné.

Quant à ce qu'ils entendent par *assise sur les bases de la grande propriété*, M. le vicomte nous l'a clairement expliqué dans son *Adresse aux Electeurs* sur la fin de 1819. Il se garda bien alors de se qualifier ainsi que ses associés d'hommes monarchiques ; mais se représentant comme les seuls royalistes qu'il y eût en France, il leur recommandait bien instamment de n'accorder leurs suffrages qu'à eux seuls.

Comment se fait-il encore que, dans leurs accès de ferveur, ils n'élèvent jamais leurs éloquentes voix en faveur de la pure moralité, des saines doctrines et des sublimes vertus, bases premières de la religion chrétienne ? pourquoi n'en invoquent-ils sans cesse que les grandes puissances ?

Vous n'êtes pas sans connaître les principes contre-révolutionnaires dont sont animés les partisans de ces gazetiers dans vos départemens respectifs. Plus des trois quarts d'entre vous les ont probablement entendu, aussi bien que moi, s'écrier à la restauration, en parlant de notre excellent roi : « Que diable est-il venu faire avec sa f...ue charte ? qu'avions-nous besoin de ses deux chambres ? » Quel esprit de vengeance ne manifestèrent-ils pas alors que le glaive terrible de la loi était suspendu sur la tête d'un grand coupable : « Pourquoi hésite-t-il donc tant à la faire tomber, lorsqu'il y a tant de milliers d'autres têtes qu'il devrait abattre ? » Cherchait-on à leur faire sentir l'excessive insuffisance des forces numériques et physiques qu'ils avaient à opposer aux générations nouvelles : « Eh bien, répliquaient-ils, si nous ne sommes pas assez forts, nous les rappellerons une troisième fois à notre secours ; ils ne demanderont pas mieux que de revenir. » En vain les gazetiers chercheront-ils à nier ces faits, à prétendre qu'ils ne partagent pas leurs opinions, etc.; quelle foi pouvons-nous ajouter à des hommes qui nous trompent continuellement? Le parti que je signale ici est celui qu'ils invoquent sans cesse, le seul qu'ils préconisent. Lorsqu'on voudra connaître leurs forces réelles, c'est dans ce parti qu'on les trouvera toutes : on n'a qu'à compter le nombre de leurs abonnés. Ici, je diffère d'eux, en ce que je prends la grande majorité pour le tout, tandis qu'ils substituent l'imperceptible fraction à la grande masse, dans presque toutes leurs données.

Grande sans doute est leur erreur; les puissances étrangères pourraient intervenir en faveur de la légitimité, mais jamais en faveur d'une faction sans compromettre leurs propres couronnes. Dans la situation actuelle de l'Europe, les idées libérales sont aux puissances, ce que fut de tout temps la religion dominante dans un état. On peut les persécuter pendant un temps, les opprimer ; mais, comme la religion, elles en acquerront une nouvelle force, et se releveront avec tout leur lustre. L'*ultima ratio regum* n'a nul pouvoir sur elles : *Quiconque voudra les détruire sera détruit par elles*, comme l'a dit M. de Châteaubriand en parlant de la Charte.

CHAPITRE IX.

Véritables causes des effervescences qui ont éclaté en 1820.

C'EST par une misérable subtilité polémique, par une palpable déception qui substitue l'effet à la cause, et qui lui est familière, que l'intrigue a rejeté sur elles les changemens alarmans qui ont commencé à éclater il y a quinze à seize mois dans notre patrie. Il ne faut qu'affranchir le jugement du joug des passions, pour être convaincu que les anti-libéraux les ont seuls provoqués par l'orgueil et l'insolence dont ils ont avili leurs victoires. Ils ont triomphé, et ces mécontentemens se sont multipliés d'une manière effrayante; ce sont les efforts qu'ils ont faits pour élever des remparts inaccessibles, des murs de séparation entre un roi chéri et son loyal peuple; c'est, enfin, parce qu'ils semblent vouloir réduire 29 millions de Français à la terrible alternative de devenir conspirateurs ou parjures. Chercher ailleurs les causes du changement inquiétant qui s'est opéré dans la nation, c'est vouloir s'aveugler sur la plus palpable évidence ; c'est compromettre le trône et nous précipiter dans l'abîme.

Dans la poursuite des crimes et des délits devant les tribunaux, des formes judiciaires, qui me sont inconnues, peuvent autoriser la bon investigation des agressions, des provocations qui les ont fait commettre ; mais l'opinion publique repousse avec indignation ces formes vicieuses, dont l'effet est de priver les prévenus de leurs plus légitimes moyens de défense.

Les idées libérales ont sincèrement déploré les écarts d'une jeunesse momentanément égarée ; mais elles auraient essentiellement manqué à leur devoir si elles n'avaient pas élevé leurs voix puissantes contre les provocateurs.

CHAPITRE X.

Echantillons de leurs contradictions et de leurs mystifications.

AVANT les modifications proposées dans la chambre haute, à la loi d'élection, les gazetiers-ultra, qui croyaient voir dans cette mesure la prochaine réussite de leurs vastes projets, renouvelèrent leurs efforts pour reproduire leurs mesures préparatoires ; ils s'adressèrent uniquement aux passions ; retracèrent, en caractères de sang, le tableau des crimes révolutionnaires, présentèrent continuellement, aux imaginations déjà troublées, des piques, des haches, des poignards, des échafauds : tout allait être englouti dans l'abîme ! Ils poussèrent leur insolente audace jusqu'à insulter collectivement la Chambre des Députés, les qualifiant de révolutionnaires, ou d'hommes prêts à le devenir. L'abîme des révolutions était sur le point de se r'ouvrir. Très-peu de temps après, ils nous déclarèrent eux-mêmes qu'il n'y en avait pas plus de dix dans la Chambre, encore eussent-ils été réduits à cinq sans la réélection des cinq autres !

Cette dernière assertion, qui était la moins dépourvue de vraisemblance, n'empêcha pas qu'à l'époque des élections de 1819, ils embouchèrent la trompette d'alarme, sonnèrent de nouveau le tocsin : selon eux, il n'y avait pas un instant à perdre, si l'on voulait sauver la France ; ils s'avançaient alors effrontément, suivant leur coutume, et se présentaient comme les seuls hommes au monde capables de gouverner l'Etat, et de l'arracher des bords du précipice dans lequel il était prêt à disparaître : ils n'ont pas été accueillis, et la France est restée calme et tranquille. A peine le résultat des élections (qui ne leur fut rien moins que favorable) fut-il connu, qu'entrevoyant quelque chance de se forcer de nouveau dans le ministère, et voulant faire parade de leurs forces numériques dans la Chambre : « Qu'importe, s'écriaient-ils victorieusement, que cette dernière élection nous soit défavorable, cinquante-deux membres de plus, gagnés par nos adversaires, ne leur donneront pas encore une majorité absolue! » Ces citations, extraites de la Gazette de France, qui passe pour la plus modérée entre ses confrères, n'ont besoin d'aucuns commentaires; elles suffisent pour donner une juste idée de ces nouveaux sophistes qui se présentent à vous, dans toutes les occasions, comme les hommes d'état par excellence, comme les grands réparateurs des erreurs de l'incapacité, etc.

J'ai déjà eu occasion de vous offrir, Messieurs, et de réfuter quelques-unes de leurs mystifications; elles sont toutes basées sur des données fausses; tantôt en présentant la partie pour le tout, tantôt en substituant la cause à l'effet; souvent, enfin, comme je l'ai déjà dit, en dénaturant notre langue, et changeant la véritable signification des mots. Mais il survint des catastrophes qui leur suggérèrent des moyens de mystification inouïs jusqu'alors. Les deux plus remarquables furent l'élection de l'Isère, et le forfait atroce du 13 février. La première a rempli d'une juste indignation les Français, parce qu'ils la regardaient avec raison comme un acte d'indécence envers l'auguste chef d'une grande nation.

Si ceux qui furent alors mystifiés étaient de bonne foi, ils conviendraient que ce fut bien moins par cette mesure indécente, que par suite de l'effet que produisirent sur leur esprit les brillantes fictions, les écarts des imaginations guichotiques; mais ces aberrations, qui ne sont occasionnées que par l'illusion, ne sauraient avoir de durée.

Les partis opposés se sont réciproquement accusés de participation à cette élection; et si l'on admettait ici l'axiôme reçu en jurisprudence : *Crimen imputatur cui prodest*, il faudrait aux exagérations privilégières quelque chose de plus positif que des déclamations, des dénégations ou des sophismes pour les disculper; car elle a été pour elles seules un sujet de triomphe, toutes les autres opinions en ont été consternées, anéanties.

Lorsqu'on pousse les rêves de l'imagination jusqu'à représenter une fille d'opéra tenant une tête sur un plat, couverte d'un linge, venir le présenter à M. *Grégoire* revêtu de ses habits pontificaux ; celui-ci lui demande : « Est-ce la tête d'un *Brunswick*, d'un *Condé ?* » — « Mieux que tout cela, » répond-elle. Vous conviendrez qu'il faudrait être plus qu'homme, pour n'en pas être pétrifié d'horreur et d'effroi. Il est bien naturel que cette fantasmagorie ait produit un effet terrible sur ceux qui, pendant 25 ou 26 ans, ont été, comme notre auguste dynastie, les victimes de cette époque d'horreurs ! Ce n'est qu'une illusion, il est vrai ; mais elle tient de trop près à la réalité, quoiqu'elle ne s'adresse qu'aux passions.

L'irréparable forfait du 13 février mit le comble à la douleur générale. Les exagérations privilégières déployèrent tous leurs talens oratoires et tous les pouvoirs de leur génie créatif, pour exprimer la leur ; je crois qu'elle était sincère, quoique celle qui est bien véritable se pare rarement de ses plus beaux ornemens ; mais ils auraient laissé bien moins de doutes sur leur désintéressement, s'ils se fussent abstenus, au moins pendant le temps commandé par la décence, d'en profiter pour se pousser, se presser en avant, se présenter comme les seuls génies capables de gouverner les conseils de Sa Majesté et les trésors de l'Etat.

Quel pouvait être leur but, en mettant, alors

tant d'opiniâtreté, tant d'acharnement à vouloir persuader que le forfait de *Louvel* était la conséquence d'un vaste complot dans lequel, disaient-ils : « la majeure partie de la nation avait trempé! »

Il y a plus, le jour même que la Gazette de France inséra dans sa feuille le rapport de la commission, à la Chambre des Pairs, dans lequel le noble rapporteur déclarait solennellement que le crime était isolé, le rédacteur insultait encore et les hautes autorités judiciaires, et le noble organe de la commission, ainsi que le jugement de ses lecteurs, par le plus plat et le plus intempestif jeu de mots sur l'expression d'*isolé*; et ces pitoyables jeux de mots, ces sottes accusations de complicité, ont cependant été continuées et renouvelées pendant un long espace de temps, après l'exécution du maniaque! mais il ne suffit pas de soulever les passions, il faut encore les alimenter. Peut-on pousser jusqu'à cet excès la mystification?

A la chute du dernier ministère, un de leurs journaux semi-officiel avait donné la liste des ministres qu'il désignait d'avance pour le remplacer : c'étaient évidemment ceux qu'il désirait le plus. Le gouvernement n'obtempéra pas, il en choisit d'autres, et leurs vociférations se renouvelèrent. L'abîme des révolutions était, non pas prêt à se rouvrir; mais il était, nous disaient-ils, positivement ouvert : la France est cependant restée tranquille. Nos nouveaux prophètes se sont souvent trouvés en défaut dans leurs prédictions depuis 5 à 6 ans ; aucune des révolutions qu'ils disaient si proches de nous ne se sont réalisées : la nation n'a pas bougé, si on en excepte les mécontentemens qu'eux seuls ont provoqués. Ils n'ont pas été plus heureux à l'égard de l'Espagne ; car ce ne fut que quelques semaines avant son émancipation, qu'ils déclaraient, en dépit de l'opinion générale, qu'ils ne voyaient dans toute l'Europe que cette nation qui pût se soutenir par la force de ses institutions, dont la plus efficace était sans doute, à leurs yeux, la glorieuse inquisition ; et la révolution y a éclaté ! ! !

CHAPITRE XI.

Les Aristocraties anglaise et française comparées l'une avec l'autre.

Les publications périodiques ou journalières des trompettes privilégières nous offrent à chaque page des preuves, et de leurs vues intéressées, et des véritables motifs de leur indécente opposition au gouvernement de S. M. Plus d'une fois je les ai vu comparans l'aristocratie anglaise avec notre ancienne noblesse, se plaindre amèrement de la grande infériorité de cette dernière, sous différens rapports, et surtout sur la grande influence qu'avait la première dans les élections; car c'est là le principal but auquel visent constamment ces Messieurs. « En Angleterre, nous disent-ils en gémissant, les pairs nomment ou font nommer les deux tiers de la représentation à la chambre des communes, tandis qu'en France ils n'ont aucune influence. »

Il y a du vrai dans cette assertion; mais je dois faire voir que ce qui, chez notre voisin, subsiste depuis des siècles, sans danger pour leurs institutions, produirait inévitablement chez nous des calamités incalculables.

La pairie anglaise est, comme elle doit l'être dans une nation essentiellement commerçante, basée sur des fortunes colossales; et en cela elle diffère grandement de la nôtre. Là, ce n'est pas la pairie qui sollicite les richesses, ce sont les richesses qui acquièrent la pairie. Chez eux, le gros négociant, l'industrieux manufacturier ne cessent leurs travaux, ne mettent un terme à leurs spéculations, que lorsqu'ils sont devenus millionnaires; et alors ils emploient leurs énormes capitaux à l'acquisition d'immeubles, soit en biens-fonds dans les campagnes, ou en maisons dans les villes

ou bourgs ; puis amodient les uns et louent les autres à très-bas prix à des fermiers ou locataires
qui deviennent électeurs par l'effet même de ces
baux et locations ; car les lois existantes sur les
élections dans ce pays-là n'excluent du droit du
Poll, c'est-à-dire, de voter, que les individus vivant de leur servitude, de sorte que tout anglais
domicilié, établi, payant annuellement 12 fr. de
contributions, est électeur de droit et de fait. Les
millionnaires qui sont devenus possesseurs d'une
quantité plus ou moins grande d'immeubles dans
leur bourg, ville ou comté, ajoutant à l'influence
que leur donnent leur rang, leur fortune, leur
patronage, celle de leurs vastes propriétés per-
sonnelles, peuvent faire nommer membre de la
chambre des communes les candidats de leur
choix ; alors ils sont ordinairement élevés à la
pairie.

Ce n'est pas que dans la composition de leur
aristocratie, il ne s'y trouve nombre de pairs dont
les familles ne le cèdent en rien aux plus ancien-
nes et aux plus illustres de l'Europe, et qui possèdent également d'immenses fortunes ; mais ils en
font aussi le même usage ; ils ne diffèrent qu'en ce
que les premiers doivent la prépondérance dont
ils jouissent aux trésors acquis par leur industrie ;
les derniers la possèdent par droit d'hérédité.

Cette prépondérance n'a rien de choquant chez eux, parce qu'elle est le fruit mérité de leur con-descendance, de leurs libéralités; il n'y a rien de vil, de rampant dans les suffrages que les électeurs leur accordent : ils sont l'effet spontané de cœurs reconnaissans. Cependant aucune nation moderne ne fut peut-être jamais plus attachée à ses institu-tions primordiales, que la nation anglaise collec-tivement; et l'on chercherait en vain ailleurs, in-dividuellement, des hommes plus glorieux de leur indépendance électorale. Cet apparent para-doxe se comprend facilement, lorsqu'on observe que, dans les classes élevées, on ne voit pas s'en détacher des factions usurpatrices et ambitieuses; on ne voit même pas d'exemples que des pairs aient abusé de la confiance de leurs commettans : ils ne sont animés que de principes conservateurs; et, à en croire les gazetiers-ultra, notre ancienne noblesse qui ne cesse de gémir sous la tyrannie des réminiscences, ne serait stimulée que par des principes récupérateurs.

M. de Châteaubriand nous a dit dans la *Monar-chie selon la Charte*, chap. 13 : « Il manque en-core à la chambre des pairs de France, non dans ses intérêts particuliers, mais dans ceux du Roi et du peuple, des privilèges, des honneurs et de la fortune. » Il eût été plus loyal de convenir que les intérêts particuliers y entraient au moins pour quelque chose.

Cette leçon donnée à l'autorité par le noble vicomte, en 1816 (à cette époque, il venait d'être créé pair), était bien intempestive, puisque la nation gémissait alors sous le poids accablant des malheurs et des vexations inséparables de deux invasions étrangères, des énormes impôts qui en furent l'inévitable suite, et de deux années consécutives qui les suivirent d'une cruelle disette.

Aussi, Messieurs, devons-nous être bien convaincus que la grande majorité de nos anciens pairs, dignes héritiers des vertus et du patriotisme de leurs illustres ancêtres, ne trempent en aucune manière dans les intrigues du petit nombre ; il n'y a que ceux qui ont publiquement levé le masque, qui commandent toute notre méfiance. Ce sont les seuls que je signale à chacun de vous : ce sont eux qui, sans considérer la détresse générale, viennent audacieusement réclamer du Gouvernement des privilèges, des honneurs, des richesses ; et qui se désolent, parce qu'ils ne possèdent pas encore la grande prépondérance des pairs anglais sur les élections ! Ah ! Messieurs, que le ciel éloigne cette calamité de notre malheureuse patrie ! Quel autre résultat pourrait-elle avoir, sinon, de substituer à la représentation nationale, des députés-ultra qui appelleraient à leur secours leur vigoureuse aristocratie, leurs grandes puissances religieuses, leurs institutions anti-sociales; et avec ces formidables auxiliaires, soutenus de leurs moyens extrêmes, désorganise-raient constitutionnellement la France? la contre-révolution serait alors accomplie.

Que les gazetiers-ultra cessent de calomnier notre ancienne noblesse, de la représenter sans cesse comme étant bien plus occupée de ses intérêts privés que du bien-être commun; qu'ils nous fassent voir cette auguste branche de la législature, animée d'une noble émulation, concourir cordialement avec les deux autres au bonheur de la patrie. Alors les libéraux s'empresseront de prendre l'initiative d'une proposition à S. M., à l'effet de pourvoir individuellement au soutien de la dignité convenable aux pairs d'une grande nation.

CHAPITRE XII.

De l'union entre les gouvernans et les gouvernés.

Il me semble que le régime constitutionnel pourrait être comparé à une espèce de monstre à deux têtes, dont la grande démocratie est le corps : celui-ci n'agit, ne se meut que par la direction que savent lui donner ces deux têtes, le souverain et la noblesse. Il n'en est point, je crois, parmi vous, qui ne soit convaincu que, pour donner une juste impulsion à cet énorme colosse, il faut un grand dégré de modération, une expérience consommée, une sagesse et un sang-froid à toute épreuve ; la moindre secousse causée par l'irritation de cette impérissable masse mal conduïte, pourrait occasionner une chute, et par suite de violentes contusions dans les têtes. Eh bien, Messieurs, grande est votre erreur ; nos nouveaux mécaniciens ont découvert dans la profondeur de leur génie, un admirable préservatif contre les accidens qui pourraient leur survenir, et dont aucun de nous ne se serait douté : c'était de les séparer entièrement du tronc de ce vaste corps qui étend son ombre sur plus de cent millions d'arpens de terrain. Ce n'est pas tout, ces fameux machinistes, ces incomparables réparateurs des erreurs de l'incapacité, ont entrepris d'adapter à cette énorme machine d'anciens ressorts bien rouillés, de vieux rouages bien usés, à la vérité, puisqu'ils servaient du temps du roi Dagobert, avec lesquels cependant ils se font fort de la faire mouvoir à leur gré. Mais il n'y a qu'eux qui puissent réussir à lui donner l'impulsion compatible avec la vétusté des rouages et des ressorts. Ce qui est fait pour inquiéter, c'est qu'ils ne disent à personne où ils mettront les têtes en sûreté : ils paraissent s'en occuper peu, pourvu que sous peu ils deviennent, comme ils l'espèrent, millionnaires à l'aide de leur nouveau chef-d'œuvre.

Ah! Messieurs, si cette fraction eût réussi dans ses efforts à séparer un excellent roi d'une grande et généreuse nation, à lui enlever l'attachement qu'elle avait pour lui, à détruire la confiance qui en était la plus solide base, quelle masse de garanties pourrait-elle imaginer qui fût comparable à celles dont elles le dépouillent?

Une multitude de concurrens se présenterait en foule pour remplacer un Roi qui se serait séparé de son peuple, mais où ce roi trouverait-il un autre peuple?

La séparation peut s'effectuer de plus d'une manière; ce n'est pas seulement par un abandon, une abdication formelle; elle peut s'opérer aussi par des mesures qui soulèvent la méfiance; car celle-ci engendre un refroidissement d'autant plus désastreux, que la distance n'est pas grande de ce dernier à quelque chose de plus que de l'indifférence. Qu'il serait à plaindre alors ce roi qui aurait cessé de régner par l'amour de son peuple!

Considérez la position d'une auguste dynastie,

qui , après un quart de siècle d'éloignement, rentre sur notre beau sol, y retrouve une population toute nouvelle, des générations auxquelles elle est peu ou point connue, dont les mœurs sont entièrement changées ; alors, vous saurez apprécier à sa juste valeur la profonde sagesse qui a dicté à Louis XVIII ses institutions bienfaisantes, l'admirable prévoyance qui a présidé à l'établissement de son gouvernement paternel : c'était un point chéri de ralliement pour tous les Français.

Sapper ces sages institutions, et en détacher la pierre angulaire de la base qui les soutiennent, c'est ébranler le trône, c'est le dépouiller de ses plus solides garanties. Que lui laisserait donc l'ambition effrénée dans son fatal aveuglement, pour sa sécurité ? rien que le mot de *légitimité*, malheureusement encore imposé par la violence. Quels remèdes apporteront-ils pour réparer les maux inouis qu'ils auraient faits ? des palliatifs ? ils n'en connaissent point. Il n'en resterait qu'un seul efficace , celui de rentrer franchement dans la voie constitutionnelle si habilement tracée par S M. Y auraient-ils recours ? impossible ; car alors s'évanouïraient tous leurs beaux rêves de s'inst ller exclusivement et de se perpétuer dans les plus hauts emplois. Ils seraient donc forcés d'appeler à leur secours cette dernière et favorite ressource de toutes les exagérations, les moyens extrêmes, précurseurs ordinaires de l'arbitraire, qui est, généralement, suivi de la terreur, et finit toujours par provoquer lés bouleversemens des états.

CHAPITRE XIII.

Du danger des innovations.

Notre digne et excellent Roi était bien pénétré de ce grand principe, lorsqu'il a dit : « Rappelez-vous toujours qu'à côté de l'appât séduisant des améliorations, s'élève le danger imminent des innovations. »

Aucun de vous n'ignore, Messieurs, qu'il ne sortit jamais rien de parfait de la main des hommes. Il est des règlemens, des lois civiles ou criminelles, susceptibles d'améliorations; mais c'est un principe immuable, reconnu par tous les hommes d'état, que quelqu'imparfaites, quelque vicieuses même que soient les institutions fondamentales d'un état, l'existence de ces imperfections, de ces vices, est infiniment moins désastreuse que les innovations que l'on chercherait à y introduire sous les frivoles prétextes de modifications, ou d'améliorations. En effet, sont-elles introduites par l'exagération dominante, l'antécédent lui donne une force irrésistible, un droit indisputable, d'en saper séparément tous les articles qui peuvent militer contre son ambition ou ses intérêts ; de sorte que ces mêmes institutions fondamentales finiraient par être entièrement dénaturées, sinon, totalement détruites par une faction. Mais ce n'est pas tout ; comme il est hors de la nature des choses, surtout au dix-neuvième siècle, qu'une exagération quelconque puisse rester long-temps en faveur, elle a établi, par ses prétendues améliorations, le droit indisputable de toutes les autres opinions qui pourraient prévaloir, d'en proposer d'autres diamétralement opposées : vous concevez alors, Messieurs, que ce premier besoin des Français, la stabilité, s'éloignerait plus que jamais de nous, et que nous nous précipiterions de nouveau, de gaîté de cœur, dans le cahos affreux des incertitudes ; et pourquoi ? pour servir une poignée de factieux ! Non, Messieurs, des institutions primordiales ne doivent pas être assujéties aux mêmes vicissitudes que les modes ; mais je crois devoir appuyer ce grand principe d'immutabilité par l'exemple que nous en donnent les plus grands législateurs, les hommes d'état les plus distingués en Angleterre.

De 1782 à 1783, des connaissances distinguées, parmi lesquelles je serai toujours fier de l'intime liaison dans laquelle j'ai vécu avec le sublime *Edmund Burke*, m'amenèrent à Londres ; ils étaient tous, ainsi que ce dernier, du parti de l'opposition, et peu après mon arrivée ils furent appelés au ministère. Il se faisait alors annuellement une motion pour obtenir une réforme parlementaire. Cette grande question, quoiqu'appartenant plus particulièrement à l'opposition, fut fut cependant toujours vigoureusement combattue par ce profond législateur. Comme j'ai déjà eu occasion de parler de leur système électoral, il me suffira de donner une idée des principaux vices que le laps des siècles avait nécessairement introduits dans leur représentation nationale.

Tout le monde a entendu parler de leur *rotten Boroughs*, ou Bourgs pourris, c'est-à-dire, dépéris par le laps du temps. Dans l'origine, ils contenaient une population qui leur donnait droit à être représentés dans la Chambre des Communes. Par suite de différentes causes, dont les principales furent évidemment l'accroissement de l'industrie, l'extension progressive du commerce, l'établissement de nombreuses manufactures, un certain nombre de ces bourgs devinrent presque déserts ; leurs habitans, aisés, se refoulèrent dans les grandes villes et places maritimes les plus favorables à leurs spéculations respectives, et par

suite de ces émigrations, les pauvres se trouvèrent
également forcés de s'y rendre, pour se procurer
des moyens d'existence : par cette diminution
progressive, plusieurs de ces bourgs se virent
insensiblement réduits à huit, dix et douze électeurs. On en citait même un alors qui n'en avait
qu'un seul, et c'était un meunier. Ils conservent
cependant tous, jusqu'à ce jour, leur droit pri-
mitif d'envoyer des représentans à la Chambre
des Communes ; tandis que les villes de commerce
et manufacturières, qui se sont prodigieusement
accrues en population, n'envoient que le même
nombre de députés qu'ils avaient dans l'origine.
A l'aide de mes nouvelles connexions, j'avais mes
entrées libres dans les Chambres haute et basse,
et je ne manquai pas d'assister aux débats intéres-
sans au plus haut degré, qui eurent lieu au sujet
de la réforme parlementaire. Dans une séance de
douze à quinze heures de durée, j'ai eu occasion
de voir les plus grands talens oratoires déployés
en faveur de cette réforme ; elle était fortement
appuyée par ceux des honorables *William Pitt*
et *Charles Fox,* ces deux lumières de leur temps ;
mais la solidité des argumens, la profondeur des
raisonnemens, plus encore que la mâle éloquence
de l'incomparable *Edmund Burke,* déterminèrent
la majorité de la Chambre à se prononcer contre

cette même réforme. Tout en convenant des abus et des vices qui s'étaient glissés, à la suite des siècles, dans leurs institutions fondamentales, il démontra avec tant de force que la continuation du mal dont on se plaignait était infiniment préférable à ceux auxquels on s'exposerait infailliblement en ouvrant inconsidérément une barrière aux innovations sous prétexte de réformes; qu'un seul antécédent qui obtiendrait force de loi établissait le droit que réclameraient les modernes réformateurs qui voudraient les refondre dans le moule de leurs passions, de leurs intérêts particuliers : « En adoptant cette réforme, vous rompez la digue qui les retient encore ; et, semblable à un torrent impétueux, qui se précipitera du haut des monts, il ne vous sera plus possible ni d'en arrêter, ni d'en diriger le cours.... » Aussi, toutes les tentatives, périodiquement renouvelées en faveur de cette réforme, ont-elles constamment été infructueuses ; et ce monument antique, malgré ses défectuosités, se soutient intact, et inspire à la nation anglaise un respect véritablement religieux. Là, cependant, tout Anglais établi, domicilié, comme je l'ai déjà dit, qui paie la modeste cote de 12 francs par an au gouvernement, a le droit du *poll*, ou le droit d'élection, qui, chez nous n'est si sagement confié qu'aux gros propriétaires. L'ambition s'est écriée : « Cette loi tend à introduire dans la Chambre des élémens contraires à la royauté et à la haute aristocratie. » Quelle impudeur ! oser représenter nos gros propriétaires comme des démagogues ! il n'en a néanmoins pas fallu davantage. Ce n'est pas le premier coup de hache qui lui a été porté qui doit nous effrayer le plus, c'est sur l'avenir que nous devons trembler.

CHAPITRE XIV.

Un mot aux Libéraux.

Vous n'êtes pas, Messieurs, sans avoir de grands reproches à vous faire : vous vous êtes permis des écarts impardonnables ; ils ont été relevés par vos antagonistes, ils s'en sont emparés ; ils ont puissamment servi leur cause, ils ont ajouté à leurs triomphes.

Je veux bien croire que, dans ces aberrations, vous avez plutôt cédé aux mouvemens de votre indignation, que suivi l'impulsion de votre conviction ; mais vous n'avez pas réfléchi que l'aveugle passion prenait alors la place de la calme raison. Les feuilles quotidiennes sont particulièrement exposées à ces sortes d'excès, parce que

l'espace du jour au lendemain, ou plutôt du ma-
tin au soir, est trop court, pour appaiser l'irritation causée par les excès de vos adversaires. D'a-
bord, vous conviendrez que, loin de réfuter des
exagérations par d'autres également coupables,
vous donnez tête baissée dans les piéges qu'ils ne
cessent de vous tendre : l'exagération qui domine
peut se permettre impunément les attaques les
plus violentes contre le gouvernement établi, et
cela surtout, lorsqu'elle a eu l'adresse d'étayer sa
prépondérance par une lâche adulation. Lorsqu'elle met tant d'acharnement à diffamer toutes
les productions, à calomnier les intentions, et la
nation entière, croiriez-vous avoir répondu à ses
assertions mensongères, et les avoir réfutées, en
professant des doctrines révolutionnaires, en lui
opposant des panégyriques en faveur du drapeau
tricolore, en provoquant à l'insurrection ? N'est-
ce pas, au contraire, revêtir ses impostures du
manteau de la vérité ? Non, Messieurs, s'il fût
entré, ce que je ne crois pas, dans votre intention
de plaider en sa faveur, il vous eût été impossible
de choisir des moyens plus efficaces.

Il est même certaines questions qui pourraient
être constitutionnellement agitées, qu'il est également intempestif et imprudent, pour ne pas dire
plus, de mettre en avant, particulièrement alors

que l'on gémit sous la tyrannie des mystifications. J'en citerai une entr'autres, sur laquelle vous vous êtes permis des sorties indécentes et impolitiques, je veux dire, sur les troupes étrangères à notre solde par suite des capitulations. Cette question pouvait paraître constitutionnelle sous plus d'un rapport. D'abord, en Angleterre, direz-vous, le pouvoir exécutif ne peut se permettre d'en introduire aucune de sa propre autorité ; vous pourriez ajouter encore : « A quoi bon cette force étrangère, si largement soldée, lorsqu'avec la même somme on eût pu se procurer le double et le triple de braves français ? etc. » Ces raisonnemens sont bien plus spécieux que solides : notre position géographique est bien différente de celle de cette nation ; sa situation insulaire lui fait chercher sa défense naturelle dans ses nombreuses forteresses flottantes ; c'est là, et non dans de grandes armées, que gissent ses forces constitutionnelles. La France au contraire, comme puissance continentale, avoisinée par de grands états qui entretiennent des armées formidables, serait bien imprévoyante, si elle repoussait, ou négligeait même un ancien et fidèle allié, qui, par sa position, peut tout pour lui nuire ou la servir. Doit-elle le réduire à aller grossir de ses braves les armées de nos ambitieux voisins ? Non, certainement ; je serais bien plutôt d'avis, qu'en cas d'agression, l'on insérât dans les capitulations un article qui engagerait cet allié à en doubler, tripler le nombre, n'est-ce pas en outre autant de Francais de moins que la conscription épargne ? Les plus hautes considérations nous font un devoir impérieux de resserrer les nœuds d'une alliance qui ne peut que nous être de la plus grande utilité dans l'occasion.

Mais ce qui rendait intempestive et impolitique au dernier degré votre conduite, c'est l'époque que vous aviez choisie pour agiter cette délicate question. Quoi ! Messieurs, c'est alors même que vos adversaires faisaient jouer tous les ressorts de la puissance mystificative, qu'ils s'écriaient tous de concert que nous étions ennemis déclarés des rois, que l'abîme des révolutions était prêt à se rouvrir, etc.; ce fut dans les momens où toutes les ambitions feignaient d'ajouter foi à ces pitoyables fourberies, que vous la mîtes en avant ! N'était-ce pas leur donner la force du levier, une fausse apparence de vérité ? n'en ont-ils pas abusé pour vous accuser de ne vouloir que renouveler les horreurs de 1792, en renvoyant préalablement ces troupes étrangères ? Dans un pacte solennel entre un souverain et une grande nation, les garanties doivent être réciproques : après ce qui s'est passé, notre premier devoir était d'en

entourer le trône; et si nous n'en possédons encore aucunes qui nous mettent à l'abri ducaprice
et des passions d'un pouvoir exécutif quelconque,
vos écarts n'ont pas peu contribué à nous en priver; car les moyens les plus opposés conduisent
au même but.

Ou vous professez de bonne foi les doctrines
que vous avez mises en avant, ou elles n'ont été
que l'effet momentané de votre irritation : dans
l'un et l'autre cas, vous avez également coopéré
avec les exagérations privilégières à provoquer
les malheurs dont est menacée la patrie. Quoi!
depuis six à sept ans que nous vivons sous le régime représentatif, il n'aurait encore paru sur
notre horizon politique que des écrivains qui le
sappent, qui en minent les fondemens; et la métropole, dans sa vaste enceinte, n'aurait pas en-
-core pu produire une seule gazette journalière,
sincèrement dévouée à la légitimité constitutionnelle! ne doit-il donc y en avoir que pour les
factions? car il n'en existe pas une qui ne semble
acharnée à sa destruction. Les gazetiers-ultra ont
encore d'immenses avantages sur les autres feuilles
journalières; car, outre la supériorité de style et
de rédaction, il existe une si grande union entre
eux, que l'on croirait que leurs feuilles sont toutes
dirigées par la même main. Les gazettes soi-disant

libérales, au contraire, affectent de professer entr'elles des doctrines différentes, des principes
opposés, tellement contraires, que l'on serait
presque tenté de les soupçonner d'agir de concert
avec les ennemis communs. Ne nous retraceriez-
vous pas ici le triste tableau de la Grèce moderne,
dont les forces éparses, au lieu de se réunir, de
faire masse contre l'ennemi commun des chré-
tiens pour s'affranchir de son joug, se séparent,
s'isolent en autant de partis qu'il se présente de
chefs, qui agissent sans union, sans concert : il en
résultera qu'au lieu de fonder un grand empire,
ils seront tous massacrés et détruits en détail.

Cependant la plus belle, la plus noble des car-
rières vous était ouverte, celle de la légitimité
constitutionnelle : sur son oriflamme est écrite
en lettres d'or cette sublime maxime évangélique :
Oubli et union ! Sa devise qui fut de tout temps
celle des idées libérales, est : *Justice, sagesse,
modération.* Suivez cette route si sagement tracée
par la main habile de S. M. elle même; vous
pourrez alors servir essentiellement votre patrie;
écartez-vous-en, vous rouvrez l'abîme des révolutions.

CHAPITRE XV.

De la liberté de la presse.

Pour que la liberté de la presse produisît d'heureux résultats, il faudrait que les écrivains qui s'en font une égide, animés du patriotisme le plus pur, n'en fissent usage que pour le maintien de nos institutions, pour la stabilité du trône, pour la pratique de toutes les vertus morales et religieuses. Une triste expérience a dû nous convaincre, qu'il en était tout autrement. Nous avons constamment vu qu'au lieu d'être une vaste arène d'émulation, ouverte aux lumières pour concourir au bien-être de la patrie, les feuilles journalières n'ont été, au contraire, que des véhicules de fourberies éloquentes, de pompeuses et vagues déclamations en faveur des abus de la religion; c'est une lice ouverte à l'ambition effrénée, aux sophismes les plus rebutans, aux exagérations les plus incompatibles avec nos institutions, qui toutes cherchent à les détruire par des moyens opposés.

Quels sont donc ces individus privilégiés, qui jouissent exclusivement du droit de s'ériger de leur propre autorité en législateurs, en dictateurs même, tandis qu'ils ne sont en effet que des perturbateurs du repos public? Quelle peut être la cause de ces grands égards qu'on affecte pour des plumes vénales, qui ne font usage de leurs talens les plus distingués que pour les prostituer et les vendre au plus offrant? D'où peut provenir cette délicatesse, ces ménagemens pour quelques individus, la plupart obscurs, pour lesquels elle n'est plus qu'un objet de spéculation, un canal de communication qu'il exploitent à leur profit, dans la vue de propager leurs erreurs et leurs coupables écarts dans toutes les classes de la société?

Sans doute, la liberté de la presse, sagement dirigée, est une institution essentielle sous un gouvernement représentatif; sans doute, chaque individu a le droit imprescriptible d'émettre ses opinions, tant qu'elles ne s'écarteront pas du respect dû aux institutions primordiales, au trône, à la religion et aux mœurs. L'expérience nous a démontré l'extrême difficulté, pour ne pas dire l'impossibilité, de contenir dans ces sages bornes des gazetiers déhontés, qui ne savent jamais qu'abuser de la liberté de la presse. Examinons attentivement les matériaux qui doivent entrer dans la composition d'une feuille journalière.

Quel est, en effet, le but de tout homme qui s'y abonne? c'est d'être régulièrement informé des nouvelles de l'intérieur et de l'étranger, des causes pendantes aux tribunaux, des actes continuels de bienfaisance de nos augustes princes, et surtout des détails exacts des discussions importantes dans nos chambres, etc. Remplissent-ils ce grand but, en tronquant, en mutilant à leur gré ces informations d'un si grand intérêt, pour faire place à leurs rêveries, pour m'ennuyer de leurs dégoûtans sophismes, pour égarer les esprits faibles et crédules ? Qu'ai-je besoin de leurs impertinens commentaires sur les discours des députés, lorsque pour leur faire place, ils sont forcés de les abréger, de ne m'en donner à dessein qu'une partie inexacte, souvent infidelle, pour égarer mon jugement ? N'est-ce pas ériger des charlatans en législateurs ? Les gazetiers de nos jours ne sont que des marchands qui débitent leurs denrées, et un gouvernement sage doit veiller à ce qu'ils ne se permettent pas de les falsifier : comme il peut mettre des entraves à la distribution de l'arsenic et de la poudre à canon, il doit également empêcher le débit de marchandises bien plus pernicieuses encore pour la société ! Si cependant le respect pour des préjugés dominans s'opposait à ce qu'ils fussent assujétis strictement à ces règlemens salutaires, ne pourrait-on pas leur accorder le droit de donner périodiquement à leurs lecteurs, par exemple une fois par mois, un résumé des évaporations politiques de leur cerveau? Ce serait un grand service à rendre à leurs abonnés, qui auraient au moins pendant 29 jours des marchandises moins falsifiées pour leur argent; les gazetiers eux-mêmes se soustrairaient pendant tout ce temps à la sévérité de la censure.

Qu'on ne croie pas ici que je me permette de trancher une question si importante; non seulement la répression que je propose n'est applicable qu'aux publications journalières, mais le droit de publier librement leurs pensées, reste dans tout son entier à leurs auteurs et rédacteurs; ils le partagent également avec tous les autres Français.

En les contenant dans les limites qui leur appartiennent, on ne les prive nullement de leurs droits; un serrurier n'a pas le droit de fabriquer de la vaisselle plate; la chaire de la vérité ne doit pas être polluée par le fanatisme; et un cautionnement ne peut donner le droit à une poignée de déclamateurs, de troubler le repos public.

On n'aurait peut-être pas été forcé de se mettre à la recherche de voies répressives des abus, si, par la plus inconcevable omission, les lois qui avaient pourvu à l'inviolabilité des actes du plus petit tribunal de la France, n'avaient pas négligé de mettre nos institutions fondamentales sous leur sauve-garde ! D'où peut provenir cet étrange, cet inconcevable oubli ? Il est cependant très-probable que, si elles eussent été protégées par des lois vigoureuses, on n'aurait pas été réduit à avoir recours aux moyens de rigueur et de coërcition, qui sont toujours odieux.

Le régime représentatif isolé de cette puissante et indispensable protection, n'est plus qu'un superbe vaisseau abandonné à la merci des flots, sans mâts, sans gouvernail, sans pilote. Ne serait-il pas infailliblement englouti par la fureur des vagues ? Je n'ai cessé de déplorer un si fatal oubli, d'autant plus que j'ai toujours considéré la stabilité du trône comme étroitement, indissolublement lié avec le maintien intégral de nos institutions.

CHAPITRE XVI.

Des antagonistes du Gouvernement représentatif.

QUOIQUE l'on puisse affirmer que plus des neuf dixièmes de la nation sont fortement attachés au gouvernement de S. M., et que dans leur nombre se trouvent les nouvelles générations vigoureuses qui font la force et l'espoir de la France, le dernier dixième n'en est pas moins composé de ce qu'il y a de grandes et de petites ambitions ; autour d'eux se serrent, se pressent tous les intrigans, les autorités de tous genres, qui semblent prévoir de grands changemens politiques très-prochains, qui leur présentent ou une perspective d'avancement, ou au moins une espèce de permanence dans leurs emplois. Ces graves individus viennent à l'envi se prosterner devant l'idole du jour. A cet intéressant groupe viennent de toutes parts se réunir lès égoïstes qui n'ont de principes que leur propre intérêt, d'attachement qu'à leurs personnes ; on pourrait les regarder comme faisant partie de la formidable faction que nous a signalée, dans le Drapeau blanc, il y a quelques semaines, M. Martainville, sous l'effroyable dénomination de *faction du pot-au-feu*. Elle ne diffère de celle-ci qu'en ce qu'au pot-au-feu bien garni, dont se contentent ces factieux, qui ont brillé dans la majesté des siècles les plus reculés, ils voudraient y ajouter le rôti, la salade et même quelques entremets. Bons, d'ailleurs, et paisibles au suprême degré, cependant, ils font masse, tandis que les autres qui ne sortent pas de chez eux, n'en sont peut-être que plus à redouter ; car on ignore ce qu'ils y font, des complots, des conspirations peut-être, qui sait ? les Français sont si méchans! Ceux que je signale à mon tour, pour la seule raison que M. Martainville les a négligés, sont bien plus remuans, bien plus entreprenans, audacieux même, lorsque le danger n'est pas imminent; ils se déchaînent avec énergie contre tout ce qui peut troubler leur repos, et rendent des services signalés à l'influence du jour. « Voyez donc ces débats, ces discussions tumultueuses, on n'y saurait tenir. Comment l'estomac peut-il faire ses fonctions? hier encore, pas plus loin, j'ai été réduit à la triste nécessité de boire trois grands verres d'eau sucrée! on n'était pas malheureux comme cela sous la vieille monarchie; on n'avait pas tous ces braillards qui ne sont bons qu'à donner des indigestions aux braves hommes monarchiques. » Survient-il une légère commotion, ils courent au plus vîte chacun chez eux, comme des lapins dans leurs trous; ils ferment bien les verroux : ici je puis assurer, me donner même pour garant, qu'ils ne s'y occupent nullement de complots, ni de conspirations, mais uniquement des consolations que leur offre leur pot-au-feu bien garni.

Qui dit exagération, dit passion : tout gouvernement qui s'attache à la passion, court à une ruine inévitable, parce que quelqu'opposées, quelque variées que soient les autres opinions, elles se détacheront toutes de lui, pour se réunir, et faire cause commune ensemble, contre l'exagération dominante qui est également odieuse à toutes.

Ce ne sont pas ici de vagues assertions, ce sont des faits consacrés dans les fastes de l'histoire, faits qui ont opéré les bouleversemens des empires, qui ont renversé les trônes. Personne n'ignore que, dans les hautes classes de la société, il existe une aversion décidée contre le régime représentatif; un intempestif orgueil soulève leur indignation à la vue d'hommes appartenans à des classes inférieures, exercer un contrôle, une surveillance, sur leurs actes d'autorité, sur l'emploi des deniers publics, sur les abus dont ils ont pu se rendre coupables. Je sens que cela peut les humilier; mais il est également indisputable que cette surveillance, ce contrôle, sont les plus grandes sauve-gardes du trône. Vous savez aussi, Messieurs, que la première cause de la révolution fut l'énorme déficit qui s'était accumulé dans les finances. Il n'existait malheureusement alors aucune surveillance, aucune responsabilité. L'on eut recours aux notables, on convoqua les états, et nos malheurs commencèrent.

Mais ce qui n'a pas peu contribué à assurer le triomphe de l'imposture sur la vérité, de l'ambi-

tion effrénée sur le patriotisme et le désintéressement, ce fut la subtile perfidie avec laquelle on
eut l'adresse de poser la question : les exagérations
privilégières étaient représentées comme voulant
le maintien des trônes légitimes, celui de l'ordre
public, celui des institutions existantes (notez,
qu'alors elles n'étaient occupées qu'à les mutiler
pièce à pièce); que si elles desirent des améliorations, elles veulent qu'elles ne se fassent qu'avec
une sage circonspection, une lenteur qui offre à
la tranquillité publique toutes les garanties néces-
saires...... N'est-ce pas ici faire l'aveu du systême
destructeur de l'instabilité qu'elles veulent mettre
à l'ordre du jour, et introduire dans nos institutions.

Nous ne pouvons nous empêcher de discerner
ici un schisme existant dans le sein de l'exagération dominante. Les uns, pressés de jouir, parce
qu'ils ont faim, veulent arriver au but par le plus
court chemin, sans vouloir calculer les résultats
ni les conséquences; ils ne peuvent attendre. Les
autres, plus prudens, qui tendent au même but,
recommandent une certaine circonspection, une
progression lente qui s'établisse sans occasionner
de violente secousse : les plus dangereux ici, ne
sont ni les mystificateurs, ni les mystifiés, mais bien
ceux qui feignent de l'être, et ils sont nombreux.

Les libéraux, au contraire, ajoutait-on, ne veulent que révolution, que changement de dynastie, que concessions arrachées par la violence! Il est évident que s'il y avait la moindre apparence de vérité dans cet étrange tableau, vous vous feriez un devoir, et je me joindrais cordialement à vous, pour courir nous jeter dans les bras des exagérations privilégières, parce que, placés entre deux maux effrayans, il est naturel d'en éviter le pire.

Mais avant que d'ajouter trop précipitamment foi à d'aussi graves inculpations, je demanderais d'abord quelles sont les preuves, les présomptions? à cette première question, la réponse ordinaire me serait faite : « que ce qui a été fait peut l'être encore. » J'objecterais, qu'en fait de révolution, la plus forte garantie que nous puissions posséder, la preuve la plus convaincante que cette crainte est une chimère, c'est que nous avons subi la nôtre. Non, Messieurs, il n'est nullement probable que ceux qui n'ont échappé que par miracle aux échafauds, par suite de la part active qu'ils avaient prise à cette même révolution, puissent en désirer une seconde, qui ne pourrait que les exposer à la perte de leurs propriétés et même de leur vie.

Les exagérations privilégières savent mieux

que qui que ce soit, que l'intérêt personnel entre pour beaucoup dans la profession des principes politiques, et qu'aucune classe n'a un plus grand intérêt qu'eux au maintien intégral d'un gouvernement paternel et conciliateur; que personne, enfin, n'est plus fortement intéressé à s'opposer de tout leur pouvoir à toute espèce de réaction, et surtout à une contre-révolution.

N'avons-nous pas encore vu ces zélés partisans d'une liberté illimitée, de l'égalité la plus parfaite, venir déposer leurs impraticables théories aux pieds du despotisme impérial?

Mais si je demandais encore, quel tribunal doit les juger, quels sont les accusateurs, où sont les juges? ce sont leurs dénonciateurs seuls qui remplissent toutes ces fonctions. Voilà les faits, je m'abstiens de tout commentaire; je les laisse à vos réflexions.

CHAPITRE XVII.

De l'attachement des Français aux institutions du Roi.

Ne vous attendez pas, Messieurs, que je vous entretienne ici des grands mots de liberté, d'éga-

lité, des droits de l'homme social, de la souve-
raineté du peuple, etc., etc., rien n'est plus loin
de ma pensée. Ce ne sont pas même mes principes
particuliers que je vous offre ici; car j'ai toujours
cru, et je crois encore à présent, que le gouvernement monarchique est le plus désirable, le plus
compatible avec le repos et la tranquillité publique.
Mais j'écris dans la conviction intime où je suis
que nos opinions particulières doivent plier devant les lumières du siècle, céder à l'impulsion
des nouvelles mœurs qui ont succédé aux an-
ciennes : j'écris encore dans la ferme persuasion
que notre excellent Roi, dans sa haute sagesse, a
donné à son peuple les institutions qui, seules,
convenaient au nouvel ordre des choses, et qu'y
porter la plus légère atteinte, c'était ébranler le
trône, soulever contre lui la méfiance de la nation, élever dans toutes les classes des doutes injurieux sur la droiture et la sincérité royale.

Je me suis particulièrement attaché à démontrer,
qu'en représentant la masse de la nation « comme
une turbulente et factieuse démocratie, ennemie
des rois, qui ne rêvait que république, etc. », les
ultra-gazetiers la calomniaient indignement : parce que mettre en évidence l'imposture, c'est arracher le masque de l'hypocrisie, sous lequel l'ambition cache la profondeur de ses vastes projets.

J'aurais pu rappeler beaucoup d'autres preuves à votre mémoire ; je me contenterai de vous retracer la conduite de cette même nation, lorsqu'il fut question de modifier sa loi chérie d'élection ; des milliers de pétitions furent alors adressées aux chambres, par les plus impatiens d'entre les francais : cependant, ni dans ce grand nombre, ni à aucune autre époque, ne les a-t-on jamais encore vu user de l'exercice de ce droit (comme on le fait continuellement en Angleterre), ni pour obtenir une réforme parlementaire, ni pour demander un changement de ministère, ni pour censurer les actes du pouvoir exécutif ? rien de tout cela. Que désiraient donc ces incorrigibles révolutionnaires ? le maintien, l'immutabilité des institutions de S. M. ; ils suppliaient que, sous le prétexte de modifications, on ne les privât pas de la stabilité qu'avait semblé leur promettre le Souverain, en changeant le systême électoral si sagement établi par S. M..... A en juger par leurs lamentations depuis la fin de la session, il paraîtrait qu'ils n'ont pas été peu désappointés dans leur attente des grands avantages qu'ils espéraient retirer de la nouvelle loi d'élection qu'ils avaient si hautement préconisée, et que leur espoir de posséder une chambre à leur dévotion, n'a pas été réalisé, puisqu'ils ont échoué dans leurs efforts

pour intimider et faire trembler le pouvoir exécutif actuel, comme ils l'avaient toujours fait jusqu'ici; mais ils ont éprouvé, et ils éprouveront
toujours, j'espère, que même parmi les plus
grands propriétaires, ils trouveront toujours une
très-grande majorité d'hommes indépendans,
d'hommes éminemment francais, qui dédaigne-
ront de compromettre leur dignité en s'abaissant
jusqu'à devenir les instrumens d'une faction.

Quant à vous, Messieurs, votre devoir est de
déjouer les complots des factieux, sous quelque
dénomination qu'ils se présentent. Ils feront tous
leurs efforts pour captiver vos suffrages, cher-
cheront à vous intimider par un tableau effrayant
des dangers qui menaceraient la patrie ou le trône,
si vous les leur refusez. Les hommes véritablement libéraux vous diront au contraire : Quelle
que soit la nature de vos opinions, suivez invariablement dans vos choix l'impulsion de vos cons-
ciences, fondés à penser que les diversités d'opinions politiques ou religieuses ne peuvent être
plus efficacement comprimées qu'en leur accor-
dant même le droit de représentation, parce que
ce droit les tranquillise, lorsqu'ils savent que
leurs intérêts, leurs prétentions justes sont ap-
puyés dans la chambre.

N'accordez vos suffrages que conformément à

votre intime conviction ; je n'en excepterai pas même les deux exagérations les plus opposées. Mais n'oubliez pas qu'elles sont d'une activité sans égale ; soyez constamment sur vos gardes, afin de ne vous pas laisser surprendre dans les piéges qu'ils vous tendront.

L'homme monarchique moderne, sans cesse à la poursuite de ses grands intérêts privés, que la soif du pouvoir dévore, ne voit, ne s'agite que pour satisfaire son ambition ; il voudrait anéantir tout ce qui ne pense pas comme lui ; les vrais libéraux, au contraire, bien convaincus que l'on cesse d'être constitutionnel du moment qu'on devient exclusif, croient qu'il est absurde de supposer que des élections confiées uniquement aux gros propriétaires puissent jamais avoir des résultats assez favorables à des exagérations pour les rendre dangereuses, se croient en outre fondés à penser qu'on ne peut plus efficacement comprimer les diversités d'opinions politiques et religieuses que par de sages concessions.

CHAPITRE XVIII.

Du régime constitutionnel.

Nous ne pouvons nous dissimuler que le gouvernement représentatif n'est pas sans avoir ses inconvéniens, ses abus; mais comme aucun des autres n'en est exempt, nous devons les comparer sans partialité avec ceux de l'arbitraire, peser dans une juste balance les avantages de l'un et de l'autre, et surtout comparer les effets immédiats qu'ils peuvent présenter favorables ou nuisibles à la stabilité du trône, au maintien de la légitimité. Le désordre dans les finances ne s'accroît que sous la monarchie; avec le gouvernement représentatif, les déficits ne s'accumulent point, l'ordre y est établi; chaque année les recettes sont mises au niveau des dépenses. Il en résulte encore que le peuple paie avec bien moins de répugnance ses impôts, lorsqu'il sait qu'il a de fidèles mandataires qui surveillent l'emploi des deniers publics.

Sous la monarchie, les classes privilégières et leurs créatures affidées ont exclusivement accès auprès du monarque, tout le reste en est repoussé; le second appelle autour du trône, pour aider l'ancienne à le soutenir, toute la force de la nouvelle noblesse, qui s'est illustrée par de grands services rendus à la patrie, et qui possède la confiance des générations pleines de vigueur.

Sous l'arbitraire, l'exagération dominante jouit seule de l'exercice du pouvoir : lorsqu'elle cherchait à en éblouir le souverain, en faisant sonner si haut ses avantages, c'était véritablement et exclusivement à son profit qu'elle le destinait ; et le monarque se trouve réduit à accumuler sur sa propre tête toute la responsabilité des malversations, de l'incapacité, des erreurs, de l'infidélité même de ses conseillers.

Le système représentatif rend les ministres seuls responsables de tous les méfaits de leur administration ; il ne connaît que le règne des lois dont le souverain a l'initiative, qui ne sont promulguées qu'après les discussions les plus lumineuses, les plus approfondies dans les deux Chambres, et la sanction qui leur est accordée par le Roi ; il ne connaît et ne punit que les crimes et les délits prévus par la loi ; les exagérations en tous genres en créent une multitude de nouveaux, presque tous d'une nature politique, qui occupent les tribunaux bien plus que ceux commis contre la société, contre l'ordre, contre les mœurs. Leurs moyens extrêmes, leurs mesures odieuses et vexatoires soulèvent-ils l'indignation générale ; alors ils secouent leurs épaules pour se décharger du pesant fardeau, et l'assujétissent sur celles des idées libérales ! Ce n'est autre chose ici que le vice, l'ambition effrénée, la soif brûlante du pouvoir, qui, comme en 1792, osent prendre l'attitude des vertus ; toutes les exagérations suivent la même route, adoptent les mêmes moyens ; elles se présentent toutes également comme les modèles de la perfection ; seuls, ils sont les bons ; tout ce qui leur est opposé, ce sont les méchans, etc.,etc. ! Cet effroyable état des choses, qui est l'effet de l'empire des passions, soulevées dans l'intention d'étouffer la vérité, ne saurait subsister long-temps ; le jugement et la raison reprendront infailliblement leur empire, et repousseront avec effroi le cahos de calamités dans lequel l'intrigue cherche à nous plonger.

CHAPITRE XIX.

Dangers qui environnent le trône et la patrie.

Il n'y a pas plus d'un demi-siècle encore que l'attachement des Français pour le monarque agissait puissamment sur toutes les classes ; l'amour de la patrie n'était alors que secondaire : celui du souverain suffisait pour exciter l'enthousiasme général ; avec la rapidité de l'éclair il se communiquait à nos armées, et les rendait intrépides dans les combats.

Rien au monde n'était plus capable de ramener cet heureux état des choses, que les sublimes institutions sur lesquelles Louis XVIII avait assis son gouvernement paternel. En remontant sur le trône pollué par le despotisme impérial, la douceur de son règne faisait, avec celui de son prédécesseur, un contraste frappant qui y ajoutait d'immenses avantages ; la plus flatteuse perspective s'offrait alors que cet ancien fluide électrique allait revenir se joindre et se réunir pour toujours à celui de l'amour de la patrie qui lui avait succédé, pour agir désormais de concert avec une double force sur les cœurs généreux de nos braves.

Non, Messieurs, si la force de la vérité peut encore se faire entendre, l'espoir des hommes véritablement français ne s'évaporera pas en fumée. C'est bien plus encore dans l'intérêt de la légitimité que dans celui de la patrie que j'élève ici ma faible voix. Cette dernière est impérissable, la première peut être détruite par une variété de causes naturelles. Ce n'est pas seulement le danger imminent, mais celui qui est probable ou possible qui doit fixer notre plus sérieuse attention. Les coriphées des ambitieux intrigans ne nous signalent que des chimères, des dangers fictifs ; ils ferment soigneusement les yeux sur tous les autres. Ils ne parlent de la plus généreuse des nations que comme d'une factieuse démocratie qu'ils veulent réduire, parce qu'elle les a autant en horreur qu'elle avait d'attachement à notre digne roi.

Mais serait-il prudent de fermer les yeux sur les puissances colossales qui nous avoisinent ; sur cette effrayante confédération germanique, qui élève de toutes parts des forteresses menaçantes, dont quelques-unes viennent s'entrelacer en quelque sorte dans les nôtres ? Quelle garantie avons-nous que la moderne Carthage, qui ne jeta jamais sur nous que des regards inquiets et jaloux, soit devenue tout-à-coup favorable à notre prospérité nationale ? Sommes-nous bien sûrs qu'elle n'encourage ou ne soudoie point les factions qui nous déchirent ? Qu'elles ne viennent point nous bercer d'une fausse sécurité étayée par la sainte alliance : nous avons vu que ce n'était point conjointement avec la France, mais contr'elle seule qu'elle s'était formée. Des doutes même s'étaient répandus, dans les premiers jours de l'ouverture du congrés, si le noble duc qui tient maintenant entre ses mains les destinées du trône et d'un grand peuple, y serait admis. Nous savons aussi que ce n'est et ne fut jamais qu'un morceau de papier, de parchemin peut-être ; que chacune des puissances n'observe les engagemens contractés, qu'autant que son ambition ou son intérêt l'exige. N'avons-nous pas vu ce vaste empire, déjà plus grand que l'Europe entière, au moment même qu'il coopérait à retrécir, à repousser nos frontières bien au-delà de nos limites, s'agrandir ainsi que les autres, en s'emparant du superbe royaume de Pologne. Et même depuis la ligne immuable, soi-disant, de démarcation tracée par elles, la Russie n'a-t-elle pas encore réuni à ses immenses possessions cette grande et fertile presqu'île, la Californie ?

Les troubles de la Grèce, les horreurs commises par les Turcs leur offrent des prétextes plus que plausibles pour ajouter peut-être encore la Turquie européenne à leurs vastes possessions ; il est juste, l'humanité même exige que l'on vienne à leur secours ; mais les hommes d'état des autres puissances doivent veiller avec le plus grand soin que ce ne soit pas pour les traiter en pays conquis, mais pour relever l'ancien empire d'Orient dans toute son indépendance.

Comment peut-on s'aveugler sur les dangers qui menacent le trône ? comment s'opiniâtrer à détourner les regards de cette dynastie impériale qui a donné tant de rois et de princes souverains à l'Europe, contracté des alliances avec plusieurs puissantes dynasties ? auraient-ils oublié qu'un simple gladiateur, *Spartacus*, destiné par le général romain *Lentulus* aux combats du Cirque, s'échappa, avec 70 des siens, sur un mont de la Campanie, forma bientôt une armée de fugitifs, avec laquelle il remporta nombre de victoires sur les légions romaines ; il n'était cependant qu'un homme sans aveu. Qu'ils ne viennent pas me dire que nous n'avons pas de *Spartacus* en France ; je leur répondrai que nous n'avons pas un seul département qui n'en contienne plusieurs milliers, et qui ne lui céderaient nullement en courage, ni en intrépidité ? Aurions-nous oublié la puissante diversion que pouvait opérer dans un grand empire une fraction telle que la Vendée ? Que ne devrait-on pas redouter, dans l'état actuel des choses, si l'intrigue pouvait réussir à isoler un excellent roi d'un peuple loyal et plein d'honneur ?

Vous me rendrez tous la justice de croire, Messieurs, que ma plume n'est conduite ici que par le plus sincère attachement à ma patrie et à mon roi ; et que c'est principalement dans les plus chers intérêts du trône, que je fais des vœux ardens pour le maintien, l'indissolubilité de l'union de ces deux mots : *légitimité constitutionnelle*. Réunis, ils signifient trône et patrie ; séparez-lez, vous les exposez alors l'un et l'autre aux plus terribles convulsions.

CHAPITRE XX.

De la religion sous un gouvernement repré-sentatif.

Quoique je me sois proposé de traiter à part cet important sujet, je ne crois cependant pas pouvoir m'abstenir de l'ébaucher au moins, lorsque je m'impose la tâche de réfuter ceux qui, saisissant toutes les occasions propres à servir leur ambition, s'emparent de la religion comme ils l'avaient fait de la morale et de la politique, et semblent bien plutôt y chercher des moyens que des secours moraux et religieux, favorables au maintien de l'ordre dans la société. Aussi n'en invoquent-ils que les grandes puissances.

Il n'est pas un véritable libéral qui ne soit convaincu, bien plus que ses astucieux antagonistes, de l'indispensable nécessité des secours de la religion, dans l'état social ; suivant lui, ce sont les sublimes vertus, les maximes admirables de notre sainte religion, sa pure moralité que l'on doit chercher à répandre dans toutes les classes, parce que les lois humaines ne peuvent que punir les crimes, tandis que la religion, venant puis-

samment à leur assistance, parvient à les ré-
primer.

Lorsque des hommes se sont une fois démas-
qués au point à ne laisser aucuns doutes sur leurs
desseins, à mettre en évidence les motifs d'intérêt personnel qui sont les grands mobiles de leur
conduite, il est naturel de ne regarder qu'avec un
œil de méfiance tous les changemens qu'ils pro-
posent, toutes les innovations qu'ils cherchent à
introduire. Aussi, lorsqu'on les a vus, dès la fin
de 1816, réclamer pour les anciens pairs, des privilèges, des honneurs, des richesses ; des alarmes
commencèrent à se répandre dans les esprits.
Quand on s'aperçut que leurs pompeux éloges de
la religion se terminaient presque toujours et n'a-
vaient pour but qu'une augmentation dispropor-
tionnée des princes de l'église, on se crut menacé
du retour prochain des privilèges, des droits sei-
gneuriaux, des dîmes, etc. ; il n'y eut pas jusques
aux missionnaires, aux bons frères ignorantins
même qui ne devinssent des sujets d'une vive in-
quiétude : ce n'était pas personnellement contre
eux qu'elle était dirigée, c'était véritablement
contre ceux qui les préconisaient, qui les pous-
saient en avant ; sous ce point de vue, on était
tenté de ne les considérer que comme les précurseurs qui devaient préparer la voie à la résurrec-

tion des abus, pour la répression desquels tant de sang avait été répandu.

Sous un gouvernement représentatif, les plus innocentes innovations en apparence portent toujours ombrage ; et cela doit être.

Quoique je ne partage pas leurs appréhensions dans toute leur étendue, considérant néanmoins les circonstances actuelles, il me semble que la réintégration projetée des anciens siéges épisco-paux est au moins intempestive. Je conviendrai volontiers que le sacrifice de quelques millions de plus, ajouté à des charges de 900 millions environ, n'est pas un objet de la première magnitude. Cependant, considérant l'excessive pénurie des élèves du sacerdoce, qui ne peut se réparer que dans le cours de longues années ; car une imprudente précipitation exposerait ces saintes fonctions à devenir un objet de spéculation, pour beaucoup d'individus ; considérant encore la grande étendue des nouvelles cures qui, dans les campagnes, sont trop au-dessus des forces d'un seul pasteur, surtout lorsque nombre d'entr'eux sont affaiblis par l'âge autant que par une fatigue excessive ; des villes qui anciennement possédaient douze et quinze paroisses, sans compter une quantité de couvens qui servaient de succursales, réduites à une seule avec une ou deux succursales, voilà, Messieurs, le vide immense que tout publiciste, qui aurait pour but d'établir les bases du gouvernement sur la saine moralité, sur les maximes sublimes de la religion, devrait s'empresser de remplir. C'est ce qu'on appelle vulgairement le bas clergé, qui seul prodigue ses soins, ses secours et ses instructions aux classes qui en ont le plus pressant besoin dans l'Etat.

Dans le barreau, dans l'état militaire, dans les administrations civiles, ce n'est qu'après de longues années, et avoir fait preuve des talens les plus distingués, des connaissances les plus étendues dans chacune de ces parties, que l'on peut s'élever et parvenir aux hauts emplois. Une naissance illustre ne fut pas toujours un titre indispensable; et l'état ecclésiastique, le plus essentiel, le plus indispensable de tous, serait repoussé de cette catégorie! n'est-ce pas une injustice criante, surtout sous un régime constitutionnel, que des pasteurs si recommandables par leur zèle, par leur activité à remplir tous les devoirs de leurs augustes fonctions; ces modèles des vertus évangéliques, ces véritables piliers de la religion, n'auraient d'autre perspective que de s'élever à une cure, c'est-à-dire, au grade de capitaine, et encore bien plus parcimonieusement traités! leur sort ne pourrait-il pas être considérablement adouci , et des séminaires élevés avec les millions destinés aux crosses et aux mitres.

Que signifie, dans un pareil état de choses, cet empressement de créer une multitude de généraux , lorsqu'il n'existe pas encore d'armées ? Qu'on commence par les mettre au complet, alors on nommera les chefs.

Il faut de toute nécessité dans le spirituel comme dans le temporel une hiérarchie de pouvoirs, mais le régime représentatif n'en autorise que le nombre strictement nécessaire : et je suis fermement d'opinion que la circonscription des divisions militaires offre en même temps celle qui convient aux diocèses, parce que là les grandes autorités civiles et militaires les surveillent, et répriment les empiétemens, que quelques-uns pourraient être tentés de faire sur le temporel.

Ce n'est certainement pas ajouter à la dignité des évêques que de les multiplier. Celui de Rome ne suffit-il pas pour gouverner tout le monde chrétien ? Quel souverain, dont les différentes branches de ses administrations sont infiniment plus compliquées, trouva jamais ses états trop étendus, trop au-dessus de ses forces ? En diminuant progressivement leur nombre, on ajoute au respect et à la vénération qui leur sont dus ; et leurs émolumens devraient être proportionnellement augmentés. La prétendue nécessité d'en accroître le nombre est donc illusoire.

Dans cette assertion, les royalistes constitutionnels ne peuvent voir que le projet d'élever dans l'état une puissance capable d'opérer un changement total dans l'ordre existant. J'entends sans cesse bourdonner autour de mes oreilles, que le haut clergé a invariablement fait cause commune avec les exagérations privilégières ; que, comme elles, il gémit sous la tyrannie des réminiscences ; qu'il regrette l'ancienne monarchie, parce que sous elle il jouissait d'immenses revenus, rivalisait avec les plus grands courtisans en pompe, en magnificence et en assiduité auprès de l'idole du jour, etc.

Je repousse ces inculpations ; je rends plus de justice à nos nouveaux prélats : mais nos institutions leur imposent une résidence constante au milieu de leurs ouailles ; elles exigent impérieusement qu'ils ne s'occupent que du spirituel ; elles s'opposent à ce que des individus qui ne reconnaissent d'autorité que l'ultramontaine, s'immiscent en aucune manière dans le temporel, parce qu'ils ne s'assujétissent à aucune responsabilité, qui est l'essence première du nouvel ordre de choses.

FIN

I

www.ingramcontent.com/pod-product-compliance
Lightning Source LLC
Chambersburg PA
CBHW051549050726

47595CB00002B/704